CECI EST MON TESTAMENT

Coulommiers. — Typ. P. Brodard et Gallois.

VICTOR MODESTE

CECI EST MON TESTAMENT

PREMIÈRE PARTIE

MEAUX

1887

ON TROUVERA L'ACTE TESTAMENTAIRE

A LA FIN DE LA SECONDE PARTIE

CECI EST MON TESTAMENT

I

LA PENSÉE DE LA MORT

Le temps approche. Je le sens à la rapidité des jours, comme on devine le voisinage de la chute d'eau encore cachée par les détours du chemin à la vitesse croissante du flot qui nous y porte.

Ni cette sensation presque physique, ni la perspective qu'elle annonce ne sont pour me surprendre ou m'émouvoir. Depuis de bien longues années, la vie même m'a donné le penchant de ramener à tout moment sous mes yeux le caractère fugitif de nos destinées. Or, rien comme l'habitude de songer à la mort n'en émousse l'image. Rien n'amène plus vite la pensée à n'y plus voir uniquement un dénouement inévitable, mais à l'envisager comme une éventualité toute simple, ressemblant en somme à bien d'autres, prenant place à côté des autres et, puisque tout ce qui finit est court, toujours attendue et toujours prochaine.

Cette préoccupation habituelle de la mort est-elle un avantage pour l'utilisation de la vie? Oh! non; car semble bien que la première condition pour vivre est de croire qu'on doit vivre. Au contraire, l'éternel « à quoi bon? » du doute étouffe cent fois l'effort avant qu'il ait en le temps de naître, ou le brise au bout de trois pas quand par hasard il a commencé d'agir. Eh! qui donc sera tenté de prendre mille peines pour aménager la chambre indifférente à laquelle il n'entend demander, en passant, que les six heures d'une nuit d'auberge?

Par contre, il est clair qu'il y a là, de toute certitude, un gage de paix profonde.

Si de plus, par choix ou sous la force des événements eux-mêmes, on s'est gardé de « donner des otages à la fortune »; si le dénuement de tout lien au cours de la vie assure à la dernière heure cet avantage de n'avoir rien à dénouer ni à rompre; si, par-dessus tout enfin, le désenchantement des choses et des hommes est venu ajouter au détachement ses dégoûts, et le soulagement de fuir ce qui blesse à l'impossibilité de regretter ce qui ne garde rien qu'on aime, alors, à part la répugnance banale de tout être vivant contre la douleur qui le décompose, on est sûr de considérer sa fin avec une sereine, disons mieux, avec une facile tranquillité.

Alors, on sent bien qu'on n'a rien, oh! absolument rien à envier à la mort chrétienne si troublée, si tourmentée, si assaillie; mélange si bizarre, si grotesque même, il faut bien le dire, d'éléments étrangement contradictoires, où celui qui finit, partagé entre de basses peurs et des espérances vaines, cherche un support dans des contes d'enfants qu'il accueille comme un dernier enjeu, souvent après les avoir bafoués durant sa vie, pendant qu'à ses côtés, sous ses yeux, l'assistance incertaine s'en va flottant du chagrin tout humain à la foi divine, et de l'irréligieuse étourderie des larmes mondaines à l'orthodoxe embrassement des perspectives d'une vie meilleure et de ses joies célestes.

A cette mort, on est sûr d'opposer, avec une bien autre grandeur, la mort stoïcienne.

Seule appuyée uniquement sur elle-même, à l'écart de toute hypothèse puérile, seule ne tenant rien et ne voulant rien tenir que d'elle-même, c'est-à-dire de la vérité, de sa raison, de sa fermeté, de sa propre force, celle-là seule est virile. S'enfermant volontiers aux derniers jours, elle n'a besoin de personne, n'appelle et ne souhaite personne. Aussi peu sensible à la douceur des prétendues consolations d'autrui qu'à l'orgueil de prêcher d'exemple, elle se borne à suivre sa tâche d'un regard ferme, maintenu droit devant elle, sans trouble comme sans peine.

Appuyée enfin sur sa haute conception de l'infini incessamment mobile, mais éternel, elle assiste à son dernier jour, sans pouvoir s'étonner de sentir se dissocier le chétif agrégat d'un éphémère, après avoir cent fois suivi des yeux, dans l'étendue sans bornes, le démantèlement continu des mondes et l'implacable extinction des soleils.

II

TESTAMENTS ANTÉRIEURS

On comprend qu'avec cette habitude d'esprit, l'idée de formuler un acte de dernières volontés s'offre à la pensée comme une résolution toute naturelle, et qu'elle peut se présenter plus d'une fois au cours d'une existence. Ainsi est-il arrivé pour la mienne.

De ces dispositions antérieures parfois lointaines, que je me rappelle avoir écrites à divers intervalles, plusieurs se sont perdues, d'autres demeurent. Je les relis aujourd'hui avant de les anéantir. Quels changements dans les sentiments d'autrefois! quel épaississement continu de l'ombre! quel flot toujours montant de la tristesse et de l'amertune, à mesure que grandit la clairvoyance, que les trahisons se montrent, que les affections s'éteignent, que les mobiles disparaissent, que la défiance et le mépris s'accentuent, que la réalité apparaît telle qu'elle est en effet, nue, froide, laide, par delà les voiles des illusions qui tombent ou se déchirent.

N'a-t-on pas dit cent fois que la vie est un combat? Tout banal qu'il soit devenu, comme le mot est toujours vrai et comme on aime à l'entendre et à le redire! Oui! la vie est un combat, mais non pas seulement parce qu'on y lutte, parce qu'on y blesse. Elle l'est aussi parce que sous les coups des armes, à tout moment, d'heure en heure, les hommes fauchés tombent, les rangs troués s'éclaircissent et que ceux-là mêmes qui survivent, pour triompher sur des débris, frappés, meurtris, couverts de blessures ou de cicatrices, ne se reconnaissent plus. Hors de nous, en nous-mêmes, quel démolisseur que ce temps qui passe! quel marteau que le sien! quelle cognée que la sienne! quelle faiseuse de ruines que la vie!

Qu'importe! laissons le passé au passé. Ce dont il s'agit à cette heure, c'est du moment présent, des sentiments que j'y retrouve, des résolutions qu'il me suggère ou m'impose et que peut-être — car qui sait jamais? — un autre avenir va dévorer à son tour. Ce sont celles-là que je veux recueillir, que je veux recueillir et dire.

Recueillir et dire! Et pourquoi? parce qu'à les dire je trouve une certaine satisfaction fière que je ne vois nul motif pour me refuser; parce que si des considérations d'intérêt, de tranquillité, de sécurité prêchent ici l'abstention et le silence, ce sont précisément celles-là que j'aime à fouler aux pieds; parce que dire, c'est braver ce qui fait peur à nombre d'autres et que je ne connais pas, pour ma part, d'attrait plus fort, de séduction plus haute et plus puissante que de braver ce qui fait peur à d'autres.

Pourquoi enfin? parce que dans ces résolutions que j'annonce, comme dans leurs motifs, se cachent ou se révèlent, reposent ou s'agitent des ferments de vérité, de réparation, de justice qui doivent être répandus et que par conséquent je veux répandre.

III

LES OBSÈQUES CIVILES

Il est un point de ces dispositions testamentaires qui ne m'a guère coûté de délibération avec moi-même. C'est, pour prendre les mots usités en pareil cas, celui qui concerne ma « dépouille mortelle ». Avant toutes choses, je prescris pour moi des obsèques civiles.

J'entends bien ce qu'à cet égard on peut dire : à savoir qu'indifférent à ce qu'on pourra faire alors de cette chétive parcelle de matière qui aura été moi pendant le temps d'un éclair, il me serait parfaitement loisible de considérer comme étrangère une question qui n'intéresse pas ma vie, puisqu'elle ne s'ouvrira que lorsque cette vie ne sera plus. Mais non! ce n'est là qu'un subterfuge et qu'une apparence. Il est clair que s'abstenir de disposer contrairement aux usages n'est rien que s'en remettre aux usages, et, au cours même de la vie, les accepter, y faire acte formel d'adhésion et tacitement si l'on veut, c'est-à-dire de la façon la moins avouable puisqu'elle est lâche, les appuyer volontairement de l'autorité d'un exemple.

Or, cela me paraît impossible.

Philosophe, épris comme beaucoup d'hommes de ce temps, qu'ils le taisent ou le professent, d'une conception élevée de la vie et du monde, il ne me semble pas qu'il soit permis, je ne dis pas même de laisser passer sous silence, mais de ne pas me prononcer nettement contre des imaginations sans valeur, que tout désavoue : raison, expérience, savoir, sentiment du sérieux et de l'invraisemblable, de l'absurde et du possible, et qui n'ont d'autre source, d'autre but, d'autre force que de caresser les désirs, les peurs, les faiblesses de la pauvre espèce humaine et de lui conter l'aventure même qu'elle rêve, abusée comme toujours parce qu'elle veut l'être.

Disciple attentif de l'histoire, est-ce que je ne suis pas tenu d'honneur à protester contre l'autorité si bizarrement persistante de cette série de fables enfantines qui traînent de route en route, de peuple en peuple et d'âge en âge depuis les premiers âges, côte à côte avec d'autres fables plus franches du moins, jamais trompeuses, jamais sanglantes?

Politique et patriote, est-ce que je puis donner les mains à des institutions et à des doctrines qui n'ont duré que grâce à un appareil de pénalités de sacrilège maintenues exclusivement pour elles, alors qu'autour d'elles et depuis longtemps tout était devenu libre; qui, dans un temps de souveraineté nationale et où les peuples s'attachent avec passion à ne relever que d'eux-mêmes, vont délibérément chercher l'un des pouvoirs directeurs du pays hors du pays; qui, en face de la loi inattentive, impuissante ou muette, engagent de toutes parts les âmes au service de l'étranger, élevant le coreligionnaire au-dessus du compatriote, comme les intérêts de la foi à cent pieds au-dessus de l'intérêt national, fût-il celui du salut national; qui enfin, sous les yeux d'un gouvernement inepte ou honteusement perdu dans le souci de ses intérêts personnels, dans un moment où l'union intérieure s'impose plus hautement que jamais sous le pressentiment de conflits extérieurs terribles, poursuivent à bas bruit, sans trêve, sans pitié, sans honte, leur œuvre de domination, fût-ce au prix de la guerre civile et n'ont qu'un but, qu'une tâche : susciter au milieu de nous le plus grand danger qu'un peuple puisse connaître, celui d'une classe d'hommes savamment préparés à ne pouvoir vivre jamais qu'irréconciliables avec les institutions de leur époque?

Spectateur enthousiaste enfin, ému si je puis l'être, des découvertes modernes et de l'avancement des sciences, particulièrement de ces vues immenses qui s'ouvrent désormais, à des profondeurs toujours plus incommensurables, sur les espaces sans fin peuplés de mondes sans nombre où, à coup sûr, la vie habite comme sur le nôtre, comment ferais-je pour ne pas sourire en regard de ces doctrines, à la pensée d'une part, qu'à moins d'injure à la justice éternelle, il leur faut admettre que la vie étant partout faillible, leurs mystères doivent apparemment se promener de monde en monde; en voyant, d'autre part, s'évanouir à la fois sous leurs pieds et sur leur tête la scène même, la double scène nécessaire pour les deux dénouements de leur drame resté en l'air faute de savoir où finir?

Non! au point de vue de la doctrine pure, il est impossible de ne pas prendre parti.

Ce n'est pas tout. Ces doctrines, est-ce que ces gens y croient quand ils les prônent et en suivent les pratiques?

Un nombre, oui, les simples, les sots, les sujets attitrés de l'habitude, le *servum pecus*, les incapables de savoir ce qu'il faut croire comme de dire même ce qu'ils croient, esprits élémentaires parmi lesquels un examen de dix secondes révélerait pour un orthodoxe cent hérétiques inconnus autant qu'inconscients, qui sont catholiques comme ils sont Français de France, pour y être nés, et professent une religion comme ils parlent une langue, crient vive le roi, saluent, marchent, s'habillent, à la mode de la contrée qu'ils habitent et parce qu'ils l'habitent.

De ceux-là je ne peux et ne veux pas être.

Mais les intelligents, les instruits, les réfléchis! ah! là est la honte plus grande. Où qu'on se tourne, on ne touche du regard ou de la main qu'hypocrisie; on n'a le choix qu'entre les formes diverses du mensonge.

Celui-ci est pusillanime. Il a peur. Il sait — et c'est vrai — que si les bûchers d'autrefois ne trouvent plus trois rangs de pavés pour revivre sur nos places publiques indociles, si le bras séculier se refuse au lieu d'obéir et se retourne pour maîtriser au lieu de se prêter pour réduire, pas un coin non plus n'a bougé dans le cœur des gens d'Église et dans l'Église.

Intolérance et rancune contre la science, horreur de l'indépendance de l'esprit flétrie sous le nom d'orgueil humain et d'hérésie, fanatisme qui s'appelle la foi, haine sans pitié qui s'innocente en se couvrant du titre de service pour la divinité et sa gloire, incurable « fiel des âmes des dévots », principes et passions d'inquisiteurs et tribunal même de l'Inquisition organisé sous les mêmes noms, avec les mêmes vœux qui n'ont de nouveau que leur impuissance et siégeant à portée du cabinet des évêques. Il sait que tout résiste et persiste immuable, insensible, indompté, impénétrable à la raison comme aux siècles. Il sait enfin que si bien des armes ont été brisées, il en reste et qu'on en use. Par crainte du danger des représailles, il recule, s'incline, s'impose le mutisme, la dissimulation et la simulation, la fausseté des paroles, des actes, de l'attitude.

La peur est lâche. Honte à la peur!

Un autre, insoucieux à bon droit d'atteintes qui ne seraient pas pour lui, se préoccupe amoureusement de son repos si facile à troubler pour bien moins que la menace d'un orage. Il s'abaisse et ment.

Un autre, Philinte de la dévotion, du dogme et de la discipline, prend simplement les choses comme elles sont, convaincu qu'il faut bien peiner pour remonter un courant d'opinion ou de foule, tandis qu'il est infiniment commode de s'y laisser porter, sauf à descendre. Il baisse ou lève la tête, plie les mains ou le genou, blâme, renie, conspue, respecte, honore ou adore, avec indifférence, suivant l'ordre et l'habitude, par ordre et par habitude.

D'autres songent à l'appât de clientèles habiles à se promettre, à se refuser, à se faire acheter ou attendre, ou encore à la puissance d'appuis infatigables, assurant la prise de possession ou l'avancement des fonctions publiques, en regard d'un parti républicain qui s'abandonne ou de ministères imbéciles, empressés à passer à leurs adversaires, au grand péril de leur parti et de leur pays, le crédit par l'accueil des sollicitations, l'autorité par l'usage fondé de l'espérance et de la menace, le pouvoir par l'exercice avéré de l'influence. Ceux-là se disent brutalement que les honteux perdent; que si Paris a valu jadis une messe, il est des Paris de tous les étages et des messes de tous les rangs.

D'autres encore, dont l'esprit politique s'est élevé naturellement et sans effort avec le chiffre de leur fortune, professent, du haut de leur bidet de ferme ou de la chaire curule de leur comptoir, qu'il faut une religion pour le peuple, heureux parfois de pouvoir le professer sans avoir à l'écrire, au prix de luttes sérieuses contre une orthographe impitoyable, et ils ajoutent d'un ton d'oracle ou de maître, de propriétaire ou d'apôtre, que les classes appelées par les lumières et les intérêts à diriger le pays se doivent bien de donner l'exemple de l'obéissance pour la réclamer, du respect pour l'obtenir, du renoncement à la raison pour étouffer les raisonneurs.

Or, est-ce que tout cela est avouable? Est-ce que ces lâchetés et ces égoïsmes, ces complaisances et ces complicités, ces calculs ne provoquent pas le dégoût? Un poète d'âme et de génie trouvait, disait-il, dans un pauvre être « qui cheville » « des rapports trop exacts avec un menuisier ». Quelles bien plus tristes, quelles avilissantes assimilations surgissent ici dans la mémoire! Ces trafics d'opinions et de votes, de témoignages et de réticences, d'abstentions et de pratiques menteuses, qui ne sont autre chose en somme que se vendre et se vendre pour des prix divers, avec quoi donc à leur tour offrent-ils « des rapports trop exacts », et quels souvenirs, avec moins d'excuses, amènent donc sous nos yeux ces sacrifices de la liberté et de la conscience, ces prostitutions de la pensée et de la personne?

Non! en face de ce camp d'étranges mercenaires, un devoir s'accuse, à ce qu'il semble : c'est de marquer par tous ses actes, jusqu'à ceux des derniers jours, qu'on ne lui appartient pas, qu'on en répudie les visées comme le butin et que non seulement on n'entend, à aucun prix, s'y laisser confondre, mais qu'on se croit tenu d'honneur d'en combattre à outrance les mobiles et les succès.

Enfin, il en est d'autres encore qui forment dans la population une classe considérable et en même temps un immense parti, solidement constitué et relié, sans mot d'ordre, par l'intérêt visible; qui obéissent aveuglément et avec entrain, sans qu'il soit besoin de mandat, d'explication, d'intelligence, à des chefs désignés par la quotité de leurs intérêts mêmes, comme on l'était autrefois à la mesure de la naissance. Ceux-là sont les favorisés du monde social. Ce sont, comme on dit d'eux et comme ils disent d'eux-mêmes, « ceux qui possèdent ». Or, qu'est-ce pour eux que la religion existante, en possession, de son côté et pour sa part, de l'autorité, de la tradition, de la soumission sans examen, de la foi par habitude? Sous quel jour leur apparaît-elle et que lui demandent-ils?

Sous quel jour? mais comme une institution protectrice obligée de toute institution établie; pierre d'édifice qu'il faut maintenir, parce que sa chute ferait un trou et que les trous sont dangereux à voir.

Ce qu'ils lui demandent? en dehors de quelques moyens préventifs acceptés vaille que vaille, à défaut d'autres, contre certains caprices assez incoercibles des filles et des femmes, c'est par-dessus tout, en retour de l'appui séculier si longtemps prêté au spirituel, d'ailleurs fort séculier lui-même, et moyennant une dîme honnête d'égards et d'appoints plus solides, de prêter le secours du spirituel à la possession séculière discutée, contestée, menacée. C'est de se liguer contre l'ennemi commun et de sauvegarder des nécessités communes. C'est, puisque les moyens matériels faiblissent, se récusent ou échouent; puisque le temps est aux recours d'intelligence, témoin le livre et la parole, le suffrage, la tribune et la presse, de combattre le temps par ses armes.

Exorciste du péché, c'est d'endormir ou d'effrayer les détestables convoitises qui visent, bien ou mal à propos, l'avoir d'autrui.

Ennemie de l'esprit d'examen, c'est de frapper de l'interdit d'examen les questions troublantes où pourrait s'effondrer, à bon droit ou sans droit, il n'importe! la sécurité de ce qui est aujourd'hui la fortune.

Souveraine des trois royaumes de la vie future, sources puissantes des donations ecclésiastiques entassées, depuis quinze siècles en passant par l'an mille, et dont Saint-Pierre de Rome est comme l'image, le témoin, la mesure aux yeux du monde, c'est de mettre à présent la vie éternelle au service des biens présentement acquis, en appelant, d'une part, les pénalités divines à la rescousse des infimes pénalités humaines et, d'autre part, en encourageant, dans le peuple dénué, de profitables abnégations des avantages terrestres, par l'appât de ces récompenses vraiment exceptionnelles qui réunissent ce double et merveilleux mérite d'être à la fois sans prix pour qui les attend et sans déboursés pour qui les donne.

Or, devant de pareilles manœuvres, devant ces conspirations intéressées, ces détournements, ces fraudes, ces procédés anesthésiques si extraordinaires, je le demande, est-ce qu'il est permis de rester en repos, de garder le silence? Est-ce qu'ils n'appellent pas le verdict de la conscience et des lèvres, la protestation, la révolte?

Mais quoi! ces étranges conséquences pratiques, cette

intervention qu'on en réclame, la doctrine ecclésiastique les contient-elle? Consent-elle en effet à en prendre la responsabilité et à en recueillir le bénéfice? Voit-on qu'elle les promette ou les donne?

Eh bien, oui! elle les promet et elle les vend, elle essaye de les donner et elle les donne.

Ouvrez les journaux, les livres, les encycliques papales et les lettres des évêques.

Ouvertement, publiquement, sans même prendre la peine, par pudeur ou calcul, de se cacher des peuples, sûr qu'on est de les tromper bien qu'ils entendent, de les maîtriser bien qu'on les brave, que dit la papauté à tous les gouvernements qui ne relèvent pas de l'abominable invention d'un suffrage national, aux ministres absolutistes, aux monarques et aux autocrates? « Je suis pour vous l'alliée la plus sûre, l'appui le plus ferme et le plus utile. Pourquoi? Parce que vous avez tous besoin de l'obéissance, parce que vous ne pouvez durer sans l'obéissance. Or, seule, je suis en possession de méthodes, perfectionnées et éprouvées pendant des siècles, qui se font gloire de plier irrésistiblement les esprits, n'importe quels esprits, à la discipline. Je suis, au premier chef, la grande école de la discipline. Seule, j'ai fait la théorie de l'obéissance, que dis-je de l'obéissance? non, non! mais du bonheur d'obéir, mais de la dignité, de la grandeur d'obéir, et seule je sais non pas même imposer, mais inspirer, mais dicter, mais faire embrasser avec passion la véritable obéissance, à savoir l'obéissance sans raison comme sans limites, heureuse d'obéir pour obéir.

« Je suis votre alliée, votre appui! Pourquoi encore? Parce que pour moi, toute puissance venant manifestement de Dieu, toute puissance est divine — comprenez-vous bien? — rien que parce qu'elle existe et qu'appuyée sur mon dogme, elle reçoit tout d'abord l'auréole.

« Pourquoi enfin? pourquoi? Parce que n'est-il pas vrai, si l'obéissance vous est nécessaire, vous ne pouvez vivre sans le respect. Or, en même temps que de l'obéissance et de la discipline, je suis la grande école du respect; non pas du respect pour ce qui est respectable, la belle affaire! non! mais du plus sûr, du seul sûr, celui qu'il vous faut : le respect irraisonné, le respect pour le respect, le respect quand même.

« Eh! quoi, cela posé, n'est-il pas vrai que moi seule puis consolider les trônes? Admettez-moi donc! Écoutez-moi! faites-moi part et place! Pour quelques dons gracieux de droits d'enseigner ce qui vous sert, d'argent qui multipliera par nous dans nos mains à portée des vôtres, de pouvoir qui vous fera retour au décuple, vous verrez ce que nous ferons de ces masses inquiétantes et inquiètes; comment nous saurons, à votre profit, proscrire l'esprit libéral, mater l'indépendance, déshonorer la dignité humaine, flétrir le raisonnement et son coupable orgueil, et jeter finalement à vos pieds vos peuples oublieux de la liberté par la désuétude, effrayés de la liberté par la peur d'y trouver l'obstacle à l'égoïsme du salut personnel, passionnés enfin à vous servir pour avoir servi l'Église. »

Puis, en regard ou si l'on veut au-dessous peut-être de la papauté, sous ses inspirations et sous sa puissance, que fait, que dit sa milice immense, épandue au sein des nations?

« Favoris de la fortune, possesseurs ardents de la fortune, dit-elle à son tour, à bon droit dans ce temps d'épreuves où tous les droits sont soupesés, tous les titres soumis à la coupelle impénitente du doute, vous craignez pour l'usage de vos biens acquis. Or, écoutez! nous sommes en état de vous sauver et de vous les sauver. Mais quoi! si vous voulez que l'Église vous serve, ne faut-il pas servir l'Église? abaissez-vous si vous voulez qu'on la voie! remettez-lui le pouvoir si vous voulez qu'elle l'exerce pour votre avantage, la domination si vous voulez qu'elle domine et dompte vos adversaires! donnez l'exemple enfin, si vous voulez qu'on le suive!

« N'ayez pas peur! laissez vos yeux; ne les ouvrez pas davantage! Quand on n'hésite pas à dire, allez-vous donc hésiter à croire? eh bien, oui! en vérité, notre joug est léger. Est-ce entendu? donnez-nous la présence et l'apparence, le reste vous appartient, et faites ce que vous voudrez pourvu que vous le fassiez sous notre égide. Dieu merci! Nous n'avons plus à dire à personne : « Remets tes biens aux pauvres et suis-moi! » les temps primitifs étaient sublimes, mais ils étaient les primitifs. Nous sommes du nôtre, et, bien évidemment, l'Église doit savoir vivre pour être éternelle.

« Vous tenez à la vie présente? quoi de plus naturel! usez-en, sous la direction de l'Église. Quant à nous — que dites-vous de notre secours et de nos forces? — aux déshérités de cette vie, nous prêcherons la vie future. Privations et misères sans trêve, peines et dénuements de tous les jours pendant soixante ans, fatigues et dangers du travail, avanies ininterrompues du monde, ces pierres du chemin dont nous comprenons à merveille que vous ne vouliez pas, nous les leur ferons chercher de leurs pieds fervents, applaudir, chérir, parce que sous le feu de nos paroles ces pierres seront pour eux les marques de la bonne voie, ces douleurs des mérites, ces épreuves souffertes des promesses et des gages de sublimes compensations à venir.

« Et vous, dupes il est vrai, dupes n'est-ce pas, énergiquement volontaires de faux biens, mais dignes du repos par votre soumission à l'Église, vous jouirez en repos en effet de vos richesses trompeuses et de tout ce qu'elles achètent, de vos vanités mondaines, de leur fragilité, de leur vide, de leur néant, pendant qu'à ces hostiles d'aujourd'hui, guéris de leurs convoitises, désarmés de leurs menaces, nous aurons su ainsi offrir et faire agréer la meilleure part évangélique, à savoir la renonciation volontaire aux avantages du monde, le dédain, le dégoût de ses biens, et finalement, au profit de toutes mains imprudentes étendues pour s'y blesser et les saisir, les vôtres si vous tenez à ce que ce soient les vôtres, la répudiation de tous les prix menteurs de la vie présente en vue et en échange des biens solides, sains, infaillibles, impérissables de la vie éternelle. »

Or, oui ou non, sont-ce là les thèses et de la Papauté auprès des gouvernements, et de l'Église auprès des peuples?

Eh bien! il faut le dire hautement, la thèse de la Papauté vis-à-vis des rois n'est point avouable, quels que soient les masques menteurs dont on la couvre : intérêt réel des peuples, bonheur dans l'immobilité, paix publique. Cette façon de promettre sous le manteau de la foi, disons mieux, d'offrir en vente à des pouvoirs sans juste base de nouvelles ressources de domination, de leur apporter, comme sur un plat d'or, sous condition d'un partage et de l'or et de la puissance, des procédés éprouvés pour l'assoupissement des intelligences et l'asservissement des peuples, est une conduite indéfendable; elle est basse et elle est lâche, et je ne sache pas qu'il soit permis ou possible à n'importe quel esprit libéral de ne point la repousser, de ne point protester, de ne point s'insurger contre elle.

Quant à la besogne de la milice ecclésiastique, besogne plus ardemment, plus largement, et, disons-le, plus impudemment pratiquée depuis que la Société de Jésus la mène la main haute, comment la juger sans rougir?

Décider des hommes à fermer les yeux sur leurs droits, à ne pas vouloir les examiner, même à n'en pas vouloir; s'ils sont frappés d'injustices sociales ou de spoliations individuelles, les amener, malgré l'insuffisance continue de la vie pour eux et leurs familles, à consentir le délaissement de leurs griefs, le renoncement à la réparation légitime et possible des torts dont ils souffrent, et cela en échange de pures chimères, sous les yeux et à l'applaudissement des bénéficiaires qui les tiennent eux-mêmes pour des chimères; prêcher et obtenir cet abandon moyennant courtage de crédit, d'honneurs, de protection, d'autorité, de satisfactions pécuniaires en faveur de l'avocat, du négociateur, du prédicateur, avouons-le, c'est encore chose impossible à défendre. Tranchons le mot, c'est une pratique odieuse et une doctrine tout simplement abominable.

Tout cela n'est pas vrai, dira-t-on. Ce sont là des suppositions d'incrédules, des travestissements hostiles, des imaginations sans fondement, des accusations injustes.

Cela n'est pas vrai! Qu'est-ce qui n'est pas vrai?

Est-ce la doctrine? comment! mais la dénégation est impossible, la doctrine elle est là, on l'écrit, on la parle, on la prêche tous les jours. Il n'est personne qui ne l'ait lue, entendue, parce que pour la lire et l'entendre il suffit d'ouvrir les yeux et les oreilles.

Ce qui n'est pas vrai, est-ce la pratique? Ce qu'on nie est-ce le calcul, le marché, l'entente de l'Église avec les classes en possession de la fortune? — A d'autres!

S'il n'y avait pas entente, pourquoi ces mains dans les mains? S'il n'y avait pas entente, pourquoi cet indévot d'éducation et de naissance court-il si assidument aux offices? Pourquoi ce fils avéré de Voltaire passe-t-il sous nos yeux, les dimanches, se rendant processionnellement à la messe, avec ce missel énorme dont la tranche d'or qui reluit au loin au soleil est à elle seule une profession de foi si visiblement éloquente, à la face d'Israël?

S'il n'y a pas entente, comment s'expliquer que ces mécréants de la vie privée communient publiquement « à tout le moins une fois l'an », suivant le commandement sacré, dans un milieu charmant, à la cérémonie la plus éclatante et la mieux enciergée de l'année? S'il n'y a pas entente, comment, d'autre part, expliquer l'accueil extraordinaire fait par l'Église à ce libertin, libertin par bonheur dans tous les sens; et à ce frondeur impénitent d'une verve intarissable contre tout ce qui touche à l'Église; et à cet ennemi non corrigé parce qu'il est incorrigible des robes noires, peu chargé d'écus, mais riche d'esprit et de malice, qui n'en a jamais laissé passer le seuil de sa porte et a failli en jeter à la porte des autres, que la *Semaine religieuse* du lieu, enfin, appellerait, s'il n'était lui, un mangeur de prêtre; et à cet autre encore si intraitable celui-là, si acharné toujours qu'il a fallu le dispenser des offices eu égard à son dévouement, et le laisser irrémissiblement irréligieux sous la certitude qu'il ne cesserait jamais d'être passionnément clérical?

S'il n'y avait pas entente et marché pour l'ensommeillement des revendications populaires, comment expliquer cet enthousiasme des classes riches en faveur des écoles primaires congréganistes, alors qu'elles se soucient de l'instruction du pauvre comme de l'an quarante de cette République qu'elles abhorrent?

S'il n'y avait pas entente, pourquoi ce flot énorme de champions de l'Église recrutés, à part les besogneux, les clients, les dépendants, les enchaînés, uniquement parmi les gens en possession de la fortune? Pourquoi ces offrandes modiques il est vrai et pour cause, mais bruyantes, à toutes les œuvres ecclésiastiques? Pourquoi ces ressources mystérieuses, mais dont on pénètre le mystère, assurées pour un chiffre bien autrement considérable, si considérable que pour les expliquer aux yeux du monde on en fait honneur aux chefs du parti? Pourquoi tant de fils inconnus, réprouvés de l'Église, « Jérusalem » en effet terriblement « nouvelle » et « enfants qu'en son sein elle n'a » certainement « pas portés »? Pourquoi le cléricalisme lui-même enfin, et les Pères laïques de l'Église?

Non! encore une fois et cent fois, cette mutualité de services, cette conspiration d'efforts dictée de toutes parts par la communauté d'intérêts, la soif du gain, l'amour de l'oisiveté et des jouissances, la peur, l'orgueil, la passion du pouvoir, ne sont point niables.

Voulez-vous, au surplus, à ce propos, le verdict de cette chose au suprême degré nette, précise, brutale qui s'appelle le Code! écoutez-le! Objet et prix, dit-il, voilà la vente. Voilà les éléments essentiels de la vente.

Or, que voyons-nous venant de ce côté? promesses d'aider à la soumission, à l'apaisement des convoitises, prédication aux sacrifiés du monde de l'abandon, du renoncement, du courage dans le dénuement, de l'espérance des biens futurs. — Qu'est-ce à dire? c'est « l'objet » qui passe.

En retour, qu'est-ce que cette longue théorie d'avantages divers qui s'avance au loin sous nos regards? crédit, autorité, influence, affectation de respect, témoignages d'adoration, égards de compères et de complices, biens solides? — Qu'est-ce donc? Le « prix » qui va vers l'Église.

Objet et prix, dit le Code! objet et prix, les voilà! Eh! vraiment, comment nier qu'il y ait marché?

Eh bien! ce sont ces pensées qui me déterminent et me pressent.

Philosophe et penseur, les contes d'enfants qu'on préconise pour croyances, en un temps et dans un pays en possession d'une industrie extraordinairement perfectionnée, d'un avancement scientifique touchant au merveilleux, d'un état politique dont les garanties, la noblesse ont été jusqu'ici inconnues au monde, me semblent pour l'un et pour l'autre un abaissement, une dérision, presque une injure.

Esprit libéral, ambitieux passionné de l'affranchissement des peuples, désireux ne serait pas assez dire, les offres inouïes que colporte à tous les rois le pouvoir papal me révoltent. Ami de la vérité, de la droiture, adversaire implacable du dol et du vol, serviteur caché des pauvres gens, ému de leurs misères, soulevé par la vue de leurs oppressions, dévoué corps et âme à la défense de leurs droits qu'on viole, de leurs biens qu'on se partage, et toujours tenté de me jeter sur mes armes pour courir à leur camp qui est celui des victimes, je ne puis voir sans répulsion des mensonges et des hypocrisies, des organisations et des manœuvres qui, sous couleur de les élever, de les pourvoir, de les servir, n'ont d'autre but et d'autre fin que de préparer, de perpétuer et d'accroître, avec l'impunité, la paix, la considération, l'honneur pour ceux qui les maîtrisent et les appauvrissent, leur spoliation et leur servitude.

Contre toutes ces pratiques qui m'écœurent, me blessent, m'indignent, un moyen s'offre de protester avec éclat. Je le prends et dis avec éclat que je veux le prendre :

Je prescris qu'il me soit fait des obsèques civiles. Il me sera fait des obsèques civiles.

IV

DISPOSITIONS PARTICULIÈRES POUR LES OBSÈQUES

A ce propos, il me paraît opportun de formuler quelques dispositions, non pas essentielles, mais qui peuvent contenir certaines suggestions utiles.

Je demande un cercueil de « bois blanc ». Et en effet, à quoi bon cet essai de lutte d'un éphémère contre la dispersion nécessaire des éléments qui l'ont un moment formé? N'est-ce pas là une tentative puérile et ridicule, et la raison virile n'exige-t-elle donc pas, au contraire, qu'on rende sans retard, sans vaine appréhension, à la terre ce qui appartient à la terre?

Je prescris le corbillard des pauvres. En vérité, est-ce qu'il devrait y en avoir d'autre? qu'est-ce donc que ces vanités, ces distinctions sociales que l'Église catholique, après les avoir condamnées et damnées, consacre à prix d'argent jusque dans la mort par la complicité de ses pompes échelonnées, en contradiction choquante avec ses prédications d'apparat et au mépris plus choquant encore de son Évangile?

Pour ces obsèques, je ne veux pas d'invitations personnelles et je les interdis. Pourquoi? c'est que l'événement sera par lui-même suffisamment connu; qu'une affiche fera aisément le reste et qu'il vaut mieux, dans ces conditions, laisser absolument libres et spontanées les décisions individuelles.

A les bien comprendre, n'est-il pas visible que ces témoignages d'assistance aux cérémonies funèbres, surtout dans certains cas, c'est-à-dire lorsque les hommes ont participé à quelque degré à la vie publique, ne sont pas pour celui qui n'est plus, mais pour ceux qui survivent? Quelle en est alors la pensée inspiratrice? de resserrer des liens de parti, remuer des propagandes, servir des intérêts, frapper des adversaires, désavouer, réprouver, venger des torts, comme on désavoue, comme on venge, dans ce monde où rien ne se répare, et aussi de susciter, s'il est possible, sous une forme peu coûteuse, de nouvelles séries de générosités, de dévouements, de services.

Eh bien, il me plaît, je l'avoue, de courir cette aventure et de laisser pleinement à mes concitoyens d'alors le soin de voir — ce dont je me désintéresse — s'ils doivent, au nom de leurs souvenirs, entourer d'eux-mêmes ou laisser partir à peu près dans l'isolement ce char qui n'emportera pas tout entière une mémoire encore fraîche et militante.

Enfin, contrairement à l'habitude suivie jusqu'ici pour les obsèques civiles, je recommande expressément l'exposition publique du corps, pendant une heure, dans les formes adoptées pour les inhumations catholiques. Il y a là, si je ne me trompe, une prescription de plus d'importance.

Bien des fois il m'est arrivé d'assister à des obsèques du culte protestant, et j'ai toujours été frappé de cette absence d'exposition, le corps restant placé sur ses tréteaux, jusqu'au départ, dans l'une des pièces de l'appartement de la famille.

A bon droit, je pense, j'ai vu dans cette habitude, non

sans un retour attristé sur le passé, une trace survivante des persécutions anciennes, aux temps où la vue d'un protestant était une offense à la loi de l'État comme à la conscience publique, où, n'ayant pas le droit d'être, il ne pouvait avoir non plus ostensiblement celui de naître ou de mourir; et par suite, il m'a toujours semblé que les protestants auraient dû tenir à honneur de répudier la tradition des jours d'épreuve; que ce serait là une très haute et très juste marque de reconnaissance aux jours nouveaux qui leur ont donné successivement l'état civil, l'absolue liberté du culte, l'ouverture de leurs temples non plus dissimulés à l'écart comme de mauvais lieux, mais édifiés en pleine lumière, l'égalité, l'influence et l'appel aux fonctions publiques, le respect et les subventions d'État, enfin en place de l'offensante division des cimetières, la communauté laïque du cimetière.

L'usage de la liberté n'est-il pas le meilleur hommage à la liberté?

Mais, si cette manifestation extérieure est souhaitable pour les citoyens appartenant à la communion protestante, il faut dire qu'elle l'est bien plus encore pour les adeptes de l'indépendance de la pensée; pour eux, elle n'est pas facultative, mais nécessaire. Elle n'est pas un droit, mais un devoir. Elle ne s'offre pas à leur choix, elle s'impose.

Et en effet, qu'est-ce que des obsèques civiles? Une protestation, un acte de fermeté et de franchise et, dans beaucoup de cas, de courage. Or, qu'est-ce qu'une protestation qui n'est pas publique autant qu'elle peut l'être? qu'est-ce qu'un acte de franchise borné à un cortège qui passe et disparaît, quand il peut en outre prêcher à poste fixe pendant toute une heure? qu'est-ce qu'un exemple de fermeté, de courage, de propagande qui n'accepte de la publicité que l'inévitable et pour le reste, c'est-à-dire pour la part prépondérante, au lieu de courir à la lumière, de revendiquer du premier pas au dernier toute la lumière, a l'air de la fuir, de se dérober, de se cacher au milieu des siens, comme hésitant et encore incertain de son droit, de l'appui public, de l'accueil public?

C'est dans ces termes et pour ces causes que je prescris, pour mes obsèques, l'exposition publique dans les conditions de la coutume.

J'ajoute qu'aux tentures noires en usage on mêlera, comme au surplus si l'on veut sur le cercueil, les couleurs nationales.

Pendant un temps en effet, et qui sait? pendant longtemps encore peut-être, les obsèques des champions de la libre pensée ne seront pas seulement une cérémonie civile, mais une manifestation civique. Il importe de marquer, sous une forme qui frappe nettement les yeux, leur double caractère pour leur assurer toute leur signification et leur portée.

V

L'EMPLOI DE L'HÉRITAGE

Tout cela va de soi. Quand, pour obtenir une détermination de circonstance ou de détail, on s'adresse aux grandes lignes d'opinions fermement arrêtées ou à d'immuables sentiments de l'âme, la réponse ne se fait pas attendre, elle est nette et rapide. Où mon embarras a commencé, où mes hésitations ont été longues et mon choix difficile, c'est lorsque j'ai voulu décider l'emploi de ce que je laisserai après moi, au dernier jour de ma vie.

Non, à coup sûr, qu'il s'agisse d'une fortune. il s'en faut. Ma tâche, dans ce cas, eût été vraisemblablement plus aisée. Mais enfin, telle qu'elle est, cette épargne ne comprend — chose rare — pas un centime pris au bien d'autrui. Tout entière, elle est le fruit du travail et d'une longue vie de travail. Donc, légitime, respectable et bien acquise, j'ai le droit et le devoir d'en disposer.

D'autre part, telle qu'elle est comme capital ou comme revenu, puisque dans nos institutions actuelles un revenu sort usuellement du capital, à la condition d'être judicieusement employée, elle est susceptible d'exercer une action qui peut être appréciable et heureuse. Donc, cette action, j'ai le désir bien naturel de la lui donner, voulant faire encore après ma mort un peu de bien à des hommes que je n'aurai pas connus.

Mais alors, quelle destination lui donner? Faire du mal n'est rien, la besogne est à la portée de toutes les mains, abordable pour tout le monde. Mais faire du bien, un vrai bien, quelle entreprise! Combien de fois n'avons-nous pas vu et ne voyons-nous pas tous les jours fausser, briser, affaiblir, corrompre, nuire en voulant servir, faute de voir juste, c'est-à-dire de savoir, de prévoir, de choisir! Une autre difficulté s'élevait : comment, avec une somme d'épargnes relativement modique, faire un bien notable, rendre le plus possible de services, les services les mieux appropriés aux nécessités les plus urgentes du temps et les plus légitimes? Enfin, pour l'exécution, à qui la confier? Où trouver les mains fidèles et, puisque seules parmi les hommes les institutions publiques ont quelque durée, où prendre l'institution apte, sûre, disposée et sympathique?

Républicain, je pourrais tester de grand cœur pour la République. Mais non! Si le régime est superbe, s'il inspire l'attachement, le dévouement, la fierté, ses serviteurs de tous étages sont loin de sa mesure. Ici, perdus dans des discussions vides où ils s'éternisent aveuglément le dos tourné aux questions vitales; là, mal renseignés et se moquant de mieux l'être; plus loin encore, exposant leur gouvernement à donner au monde le spectacle de ce genre de désordre, le plus lamentable de tous parce qu'en même temps qu'il énerve et mine, il ridiculise, où l'on apparaît tout à la fois comme la proie et la fable de ses partis hostiles et comme le complice inconscient et dupé de ses adversaires; plus loin enfin, partout même, il faut le dire, sans passion pour le devoir ou l'intérêt public, enchaînés, abaissés en même temps que corrompus par des intérêts que, fussent-ils électoraux, il faut bien encore appeler des intérêts personnels.

Comme souvent, l'institution est d'or pur et splendide. Comme toujours, quand on arrive aux hommes, tout est lâche, misérable, objet de désenchantement, d'humiliation, de mésestime.

Et puis, à quoi bon cette offrande infime, engouffrée dans un pareil amas de ressources? Quelle goutte d'eau dans la mer!

J'ai dû songer à la ville de Paris, ma ville natale, celle qui a donné l'hospitalité à mes premiers jours, et qui sait si les événements ne lui feront pas échoir en effet, en dernière analyse, mon legs universel? Mais quoi? malgré son intraitable énergie, ses mérites, son initiative exubérante parfois, mais du moins hardie, sa place toujours marquée à l'avant-garde du parti indépendant et libéral, comment en ferais-je la destinataire d'une disposition directe? Non! elle aussi est trop riche, trop accoutumée à des libéralités bien autres. Sûre de lui agréer sans réserve par la destination qu'elle souhaite, la mienne ne serait pas à sa taille.

L'École normale! mais je l'oublie. La Société d'économie politique! Par des motifs où, je le reconnais, je suis de moitié peut-être, mais qu'y faire? je ne me sens pas attiré comme il faudrait à un acte de munificence envers elle.

Mais aujourd'hui comme jadis, comme toujours, s'offrait à ma pensée la ville de Meaux, ma cité véritable, le lieu de naissance d'autres êtres affectionnés, le séjour constant, presque ininterrompu de toute ma vie depuis l'enfance jusqu'ici, depuis le commencement jusqu'au terme, celle où se sont écoulés pour moi, de leur pas inégal, les jours lumineux et les jours sombres.

Il est vrai, j'ai aimé passionnément cette ville. Pendant de longues années qui formeraient une existence, j'ai collaboré ou présidé à la gestion de son municipe. Je m'y suis voué sans ménagement, de toutes mes forces, avec soin, avec ardeur. Mutuellement, nous avons échangé des services, et je suis on ne peut plus heureux de pouvoir, à cette heure, me rendre au dedans de moi cette justice que, dans l'échange, je lui aurai fait pour ma part bonne mesure.

Comment ne s'attacherait-on pas d'une affection vive dans des relations si continues, si longues, si journalières? Ses intérêts étaient devenus les miens, le succès de ses affaires un succès qui m'était personnel. Les dommages qu'on cherchait ou réussissait à lui porter, les torts qu'on avait pour elle, la méconnaissance ou la défaite de quelques-uns de ses droits, les bénéfices indus faits à son détriment par des entreprises rivales m'atteignaient en plein corps et m'armaient en guerre.

Combien de fois n'ai-je pas remis au lendemain mes propres intérêts, alors que, d'entraînement, je faisais passer les siens la veille! Ces sentiments étaient extrêmes, imprudents, je le veux, mais ils m'étaient naturels et irrésistibles. Quelque peu en rapport qu'ils puissent être avec l'esprit positif de ce monde, à-dieu-ne-plaise que je les regrette! Disons mieux, je crois qu'aujourd'hui encore je ne voudrais pour rien au monde ne pas les avoir éprouvés et suivis.

Mais, après tout, ce que je suis bien obligé de dire aussi, c'est que, quels qu'ils aient pu être, aujourd'hui ils ne sont plus et que si même leur résurrection était possible, pour rien au monde je ne voudrais les faire revivre. Tout est passé, éteint, détruit. Les anciens souvenirs demeurent : il faut leur laisser leur part et leur place. Les impressions nouvelles les recouvrent, les étouffent, les surmontent : il faut les laisser recouvrir et tenir dans leur sommeil leurs aînées mortes.

Dans mes dispositions de dernières volontés, je garderai son lot à ma ville de séjour, sous des conditions d'atermoiement indispensables.

Il ne me semble pas désormais possible de tester exclusivement pour elle.

VI

POURQUOI JE NE TESTE PAS EXCLUSIVEMENT POUR LA VILLE DE MEAUX

Entendons-nous bien : quand je décide de revenir sur mes précédentes dispositions qui avaient, sous diverses formes, la ville de Meaux pour objet, quand je m'arrête à ne plus tester exclusivement pour elle, tout en lui faisant une part réduite et prudemment lointaine, il ne faudrait pas croire, et à le croire on commettrait une erreur assez grossière, que je cède à un mouvement de mauvaise humeur à la suite d'un minuscule insuccès de minuscule élection municipale.

Il y a des gens, m'a-t-on dit, et de très braves gens, qu'un accident de cette nature renverse. Conscients de leurs bonnes intentions, sûrs d'avoir fait de leur mieux dans « leur affaire », frappés apparemment à l'improviste et tout étourdis, après avoir pris l'orgueilleuse habitude de vivre à deux pieds de terre, de se sentir tout d'un coup précipités de cette hauteur sur le sol commun, ils se livrent irrésistiblement, en pareil cas, dans le fond de leur cœur, à toutes sortes de déclamations éloquentes contre la perversité des temps et l'ingratitude des hommes. Pour un peu, ils sommeraient la Providence de prendre fait et cause, et, à coup sûr, ils ne la tiendraient pas quitte à moins d'une ébauche de tremblement de terre, ou d'un bon orage mêlé de feu du ciel si elle aussi mollit, comme tout le reste dans un temps de faiblesse, ou qu'il en faille absolument rabattre devant quelque insurmontable question de géodésie ou de latitude.

Je ne fais nulle difficulté de le reconnaître, ce sont là des sentiments un peu enfantins sans doute, mais certainement très naturels, fort excusables, je dirai même, si l'on veut, respectables. En même temps, il faut bien aussi que je le dise, j'ai beau faire à leur endroit, il m'est absolument impossible de me mettre de la partie, et cela pour nombre de raisons toutes terre à terre, mais qui n'en sont pas moins fort péremptoires.

La première, c'est, à ce qu'il me semble, que notre excellente ville n'a fait qu'user en cette circonstance d'un droit parfaitement hors de conteste. Or, est-il donc d'un esprit raisonnable et juste de ne pas s'incliner devant un droit, non seulement sans difficulté, mais avec un assentiment tout empressé et tout cordial? Il faut pourtant nous le persuader, quoique sous ce rapport comme sous beaucoup d'autres nous en soyons encore aux années d'apprentissage : Tout droit est absolu par essence, sous peine de ne pas être. Il implique en soi celui d'en user à sa guise, fût-ce sans raison par la raison qu'on le possède, et même, dirai-je philosophiquement, à tort et à travers, précisément parce qu'on en est le propriétaire et le maître.

Tant pis pour les timorés et les doctrinaires qui réclament la clairvoyance préalable, au nom d'un peu de prudence et de beaucoup d'orgueil! A ce compte, est-il une liberté qui eût fait son entrée dans le monde? Tant pis pour les étourdis, les inexpérimentés, les rêveurs, naïves boules noires de la psychologie et de l'histoire, qui font état de la gratitude humaine! Sachons-le donc, la reconnaissance n'est pas un sentiment politique, et comme les enfants, comme les familles, les populations électorales regardent, doivent regarder et regarderont toujours en avant, non au passé, non en arrière. Or, pour ma part, au fait et depuis longtemps de ces vérités qui sont à la fois des axiomes de métaphysique et de droit constitutionnel, de mécanique humaine et d'expérience de la vie, comment, en les rencontrant un beau jour sur le bas côté de mon chemin, aurais-je pu éprouver à leur endroit un mouvement, fût-ce de curiosité, d'attention ou de surprise?

Et puis, après le droit, il y a le fait. Or, en fait, si nous écartons, comme il convient, cette hypothèse, naturellement invraisemblable, que le conseil municipal dernier choisi équivaudrait exactement au conseil éconduit par notre corps électoral, et la municipalité nouvelle à la précédente administration municipale, n'est-il pas vrai qu'il faut absolument arriver à ce dilemme, à savoir que de deux choses l'une : ou cela vaut mieux que ne valait ceci, ou ceci valait mieux que ne vaut cela? C'est logique.

Eh bien! le conseil municipal actuel vaut-il mieux que son aîné? J'espère que sur l'autre bord du fossé on me saura de la supposition tout le gré convenable. Est-il plus honnête et plus éclairé, plus détaché de toutes préoccupations d'intérêt, personnelles ou électorales, plus respectueux de la loi et du droit, plus libre de toute attache compromettante, plus franc du chef d'une concordance plus entière entre les opinions annoncées et les opinions réelles, plus vigilant à tenir en bride les sollicitations, les pièges, les prétentions toujours envahissantes des intérêts particuliers, comme aussi des entreprises ou des compagnies rivales de l'intérêt communal? Eh bien! mais, s'il en est ainsi, la bonne ville aurait eu raison, elle aurait été bon juge, intelligente et clairvoyante, fine, sagace, bien inspirée. Je n'irai pas jusqu'à dire que je la complimente, il est clair que je ne puis pas aller jusque-là; mais, dans cette hypothèse, nous avons à lui dire nettement, hautement, qu'elle a bien fait.

Tout de même pour la municipalité, adjoints et maire. Celle du présent vaut-elle mieux que l'autre qui l'a précédée? Est-elle, ce qu'encore une fois j'ignore, n'ayant pas plus de goût, de motifs et de temps que d'occasions de me renseigner sur ces sortes de choses, plus libérale, plus laborieuse, mieux instruite et plus compétente, plus féconde en projets utiles et plus active à les exécuter, à les poursuivre, plus nettement placée sous un drapeau et plus fidèle à ce drapeau? Est-elle plus soucieuse de porter le plus vite et le plus possible, par tous les moyens possibles, ses actes, tous ses actes à la connaissance du public, plus attentive à se garder de tout avantage personnel, plus assidue à se mettre à la disposition des citoyens pour leurs demandes, leurs vœux, leurs plaintes?

Eh bien! mais, s'il en est ainsi, encore une fois notre ville n'a-t-elle pas eu raison? L'événement ne milite-t-il pas pour elle? Elle a sujet de s'applaudir, de se féliciter, de se réjouir. Quant à nous, sans aller encore une fois jusqu'à joindre aux siennes des félicitations qu'il ne nous appartient pas de lui offrir, nous devons lui dire et lui redire qu'elle a bien fait.

Pour ma part et dans cette hypothèse, qu'il ne me coûte aucunement, on le comprend de reste, de produire sous cette forme, sans effort, sans la moindre amertume et d'où me tomberait-elle? sans envie, qui la motiverait? sans regret, où prendrait-il sa source? avec pleine indifférence et tout simplement parce qu'il en serait ainsi et que je verrais qu'il en est ainsi, je dirais aussi qu'elle a été d'une lucidité extraordinaire, souverainement prévoyante, qu'elle a vu et prévu ce que nous n'avions vu et prévu ni les uns ni les autres. Hautement enfin, je dirais qu'elle a bien fait.

Après cela, est-ce le contrepied qu'il faut prendre? En va-t-il donc autrement? Ce qui s'est produit, est-ce le contraire? Ce qu'ont amené enfin les dés électoraux, serait-ce non la première, mais la seconde hypothèse de notre dilemme, à savoir que l'ensemble municipal actuel, conseil municipal et municipalité, au lieu d'être, comme dans le premier cas, d'une valeur supérieure aux éléments anciens, offrirait moins de chances d'améliorations, de progrès, de profitable administration, de bons résultats effectifs?

Notons bien que tout cela pourrait parfaitement se produire même malgré l'égalité dans le dévouement, dans l'honnêteté, dans le détachement des intérêts personnels et des intérêts des amis, dans l'absolu dédain des considérations électorales, malgré le désir pareil de bien servir ou défendre tous les intérêts communaux, malgré un lot égal de bonnes intentions enfin, qu'il se faut bien garder de faire entrer dans l'hypothèse, qui visiblement ne peuvent entrer dans l'hypothèse.

Quel est donc le commerçant, quel est l'industriel de quelque valeur qui ne sait pas qu'avec une envie parfaitement naturelle et commune de réussir, entre deux façons de conduire des maisons toutes semblables par les conditions générales, les procédés, les débouchés, les capitaux, le personnel même en sous-ordre, il peut y avoir une distance allant de l'aisance croissante à la peine de joindre les deux bouts, parfois même de la fortune à la ruine?

Je vois, pour ma part, aussi nettement que possible, et pour le voir il ne faut pas en vérité être grand clerc, je vois donc, ayant fait de ces sortes de choses l'étude de toute ma vie, que ces éventualités ne sont pas moins plausibles dans l'administration municipale que dans l'industrie et le commerce. Les lois des affaires en effet sont partout les mêmes, et il n'y a pas une économie domestique à l'usage des particuliers, une autre pour les États et les communes. Pour ne prendre qu'un exemple, je sais à merveille, autant que qui que ce soit au monde, qu'entre un bon traité d'éclairage au gaz ou d'entretien de routes et de rues, ou de distribution d'eau, discuté pied à pied, au nom de l'intérêt communal comme de celui des usagers et des contribuables, et un autre traité ou imprudent ou malentendu ou trop facile, il peut y avoir, au cours d'une concession même assez limitée, même pour une ville de médiocre importance, une différence susceptible de se chiffrer par des millions.

Mais alors, voyons! s'il faut admettre cette autre hypothèse, cette seconde aventure qui serait pour notre cité une mésaventure, de quoi aurais-je à lui faire grief? Pourquoi, je vous le demande, en voudrais-je à cette pauvre ville d'une erreur qui sans fracas, sans grands à-coups extérieurs, mais d'une façon naturelle et inévitable, ferait comme toujours sortir la peine de la faute, par la bonne et simple raison qu'une faute n'est une faute que précisément parce qu'elle contient une peine; erreur où, à coup sûr, je n'ai pas trempé? Pourquoi lui en voudrais-je d'une sorte d'accident où je ne suis pour rien et qui ne frapperait qu'elle, vengeant peut-être plus que nous ne voudrions moi et mon parti, son abandon qui serait une imprudence?

N'est-il pas vrai que l'on comprend déjà, sur ces premières raisons, à quel point une fâcherie, fût-ce anodine, serait inopportune, injustifiée, disons mieux, contradictoire, en même temps que parfaitement inutile?

Ce n'est pas tout : il est une autre raison qui suffirait, je pense, à désarmer le cœur le plus atrabilaire : c'est que dans cette même hypothèse notre bonne ville aurait à faire valoir à sa décharge une excuse que je connais bien, que je vois, que j'apprécie.

Faisons mieux. Pour marquer davantage la placidité qui préside à cet écrit, ne lui laissons pas le soin de plaider cette cause. Spontanément, je n'ose dire généreusement, il faut la lui présenter et la lui présenter, car il convient d'être serviable jusqu'au bout, sans préjudice même du soin que nous prendrons tout à l'heure d'atténuer par avance le sentiment qu'elle pourrait concevoir ultérieurement de ses pertes éventuelles, dans le cas où quelques esprits chagrins — il y en a toujours — auraient l'idée de lui en faire reproche.

Un des préjugés les plus extraordinaires, et par malheur les plus fâcheux de notre pays, est de croire — on le voit par cent exemples — que, pour la vie publique à tous ses étages, il suffit, comme on dit, du simple bon sens, sans savoir spécial, sans études.

Dans le monde économiste où je fréquente, un peu en irrégulier volontaire plutôt qu'en résident assidu, il va sans dire qu'on ne commet pas de ces méprises. Combien de fois, au contraire, n'ai-je pas vu paraître, en pareille matière, avec un gai sourire, l'amusante, la spirituelle, la topique comparaison de la garde nationale et de la ligne! combien de fois n'ai-je pas entendu retentir, avec son accent de triomphante ironie, le vieux mot de Beaumarchais, toujours cité, toujours en scène : « il fallait un calculateur, ce fut un danseur qui l'obtint! » Là, précisément parce qu'on possède le savoir spécial, on en apprécie d'une part la valeur, les résultats, les forces; d'autre part, quand il manque, on aperçoit aisément le trou plus ou moins visible qu'il laisse dans l'étoffe administrative, et ce qui passe par ce trou d'argent mal employé et d'affaires mal faites.

J'avoue tout de suite que, pour ma part, je suis absolument dans ces eaux que je trouve d'une limpidité parfaite, et que je ne saurais trop appartenir à une opinion qui me paraît si saine. Je ris de bon cœur avec Balzac de ses désopilantes figures et ne crois pas du tout qu'à s'en tenir même à l'humble domaine de l'administration des communes, il suffise, pour faire un maire, de tremper suivant les temps dans un décret ou dans une délibération municipale, uniquement parce qu'ils sont devenus ou ultras ou quasi-millionnaires, le parfumeur César Birotteau ou le passementier Crevel, d'honorables fabricants de pâtes d'Italie ou des marchands de bouteilles comme Vervelle, beau-père de Pierre Grassou de Fougères.

Dans nos populations, l'opinion générale est tout autre.

Ah! quand on veut avoir de la menuiserie ou de la charpente, on y sent bien qu'il faut s'adresser à un menuisier, à un charpentier, et l'on choisit et tâche d'avoir le meilleur. Faut-il analyser un engrais, interpréter un acte ou l'établir, on y comprend encore qu'il est besoin de gens spéciaux, et l'on appelle sans broncher l' « homme de loi », le chimiste.

Mais s'agit-il d'administrer les affaires publiques ou communales, depuis le hameau jusqu'au Sénat, jusqu'à la Chambre, oh! alors, tout change, tout dérive. Plus d'études préalables, plus de savoir reconnu nécessaire, le bon sens! le bon sens suffit et il n'en faut pas davantage. De plein saut et pour tout, tout le monde est apte.

En vérité, le paradoxe est rude; il est, de plus, fort périlleux; périlleux surtout quand au dédain du savoir spécial se joint la prise en compte prédominante du chiffre de la fortune. Il a certainement coûté beaucoup, non pas seulement à l'administration de nos villes et communes, mais à la composition, à l'influence, à la bonne renommée, à l'action utile de nos deux Chambres; pour beaucoup dans nos erreurs, devenues ce que nous sommes bien obligés d'appeler aujourd'hui les questions sociales, il les aggrave et les perpétue après les avoir fait naître, parce qu'en même temps qu'il en maintient les causes, il n'apporte à la science particulière qui seule est en état de les résoudre que l'inattention, l'incrédulité, l'indifférence, la résolution de ne pas écouter et souvent l'impossibilité même de comprendre.

Eh bien! dans notre dernière aventure électorale, que s'est-il donc passé?

J'en dis, remarquez-le, mon sentiment tout net, sans la plus mince formule d'humilité, sans l'ombre d'une précaution oratoire, je le dis comme je le vois, sans nulle vanité non plus, parce qu'en vérité je ne puis concevoir que la vanité ait ici la moindre place ni la moindre prise. Je le dis simplement parce que cela me paraît tout simple; parce qu'il est tout simple en effet, à ce qu'il semble, qu'on sache ce que l'on a appris, tout ainsi qu'il est simple qu'on ne sache pas ce qu'on ignore.

Or ce qui s'est passé avec notre ville, à mon sens, le voici :

Par un hasard, hasard qui, à ne remonter qu'à 1789, ne s'était pas encore rencontré pour elle et qui s'est assez rarement rencontré pour d'autres, elle était tombée, il y a quelques années, sur un maire homme du métier et, comme on dit communément ici même, « de la partie ».

Ce maire, qui, avec une intelligence pouvant en somme aller de pair avec les autres, un dévouement reconnu même de ses ennemis, ce qui n'est pas peu dire, une activité incontestée, à peu près infatigable, puis, chose qui n'est pas déjà si commune, mais qui a son prix tout de même chez l'administrateur, une probité inflexible et hautaine, lui apportait, pour reprendre nos assimilations de tout à l'heure, cet avantage de n'être point de la « garde nationale » mais de la « ligne », d'être enfin un spécialiste ou, comme on dit, « une spécialité », c'est-à-dire de posséder précisément le savoir spécial et d'en posséder — mais à cela il n'y avait pas grand mal après tout — plutôt un peu plus qu'il n'était rigoureusement nécessaire eu égard à la quotité des intérêts en jeu, aux exigences de la scène et du parterre, ce maire, dis-je, la ville de Meaux a tenu à s'en séparer.

Eh quoi! en cela, est-ce qu'elle a entendu mal faire et opéré en connaissance de cause? non! pour ma part, je soutiens qu'elle s'est déterminée sans la moindre mauvaise intention contre elle-même; que, gagnée à l'opinion générale, désarmée contre le paradoxe universel, elle en a tout simplement, sans le savoir, subi le siège, provoqué les risques, éventuellement peut-être appelé les dommages.

Eh bien! voilà son excuse.

N'est-il pas vrai qu'elle l'innocente; qu'elle a, en cas pareil, bien des précurseurs et des complices, et que partant elle peut attendre sans inquiétude qui lui jettera la première pierre?

Voilà en même temps, j'ose le dire, la raison qui toute seule me préserverait à son égard de tout sentiment d'amertume.

Enfin, il est un dernier motif qui milite dans le même

sens et cela d'une façon absolument décisive : c'est que si la ville de Meaux peut courir quelques risques, si elle a peut-être — quelques-uns le disent, mais je les soupçonne d'être intéressés et de parti pris — fait une sottise, à coup sûr, pour ma part, je suis personnellement hors du débat et indemne dans l'aventure.

Et en effet qu'est-ce donc que je puis regretter à me trouver déchargé de ces fonctions municipales si lourdes pour moi avec ma façon de les comprendre? est-ce que j'en suis diminué? est-ce que j'avais besoin de cet escabeau? est-ce que j'attendais quelque récompense de ma tâche? dans le cours de ces années, est-ce qu'on m'en a vu poursuivre ou accepter d'aucune sorte? ou bien y aurait-il donc vraiment de si vives et inoubliables satisfactions de vanité à siéger sur le sac de laine de notre humble Landerneau qu'on en doive rester inconsolable? qu'est-ce donc que j'ai perdu du côté du repos de l'esprit, du choix du travail, de l'indépendance, de la santé, de la tranquillité, du pouvoir d'écrire, de prêcher, d'agir, du champ d'influence prochaine?

Il est très vrai que j'eusse été bien aise de montrer par un exemple ce qu'on pouvait faire en dix ans d'une petite ville; mais vraiment, n'est-ce pas là un rêve qui n'a rien d'indispensable pour l'existence et dont on se détache avec aisance, rien qu'en se disant qu'il ne faut pas être plus royaliste que le roi?

Je crois bien que notre cité meldoise n'eût pas dédaigné plus qu'une autre une ère d'agrandissement et de prospérité. Elle a écarté le seul homme qui pouvait la lui ouvrir. Franchement, n'ai-je pas raison quand je dis que c'est son affaire et non pas la mienne?

Elle a ôté au semeur le sac du semeur; encore une fois, c'est son affaire et non pas la mienne.

Quant à moi, libéré sans avoir eu à quitter mon poste, par un scrutin dont on pourra si l'on veut beaucoup dire, mais que j'ai le droit de revendiquer pour un libre suffrage, débarrassé par le vœu de la majorité de mes concitoyens de fonctions pénibles, qui m'absorbaient pour l'intérêt d'autrui loin de mes goûts d'étude, de mes travaux, de mes projets, de publications qui n'attendent que la dernière main, de mes devoirs de polémiste, certes, je ne me joindrai pas à ceux qui, n'ayant pas eu la même affection pour cette ville, sont libres de trouver que sa récente aventure électorale leur apprête à rire; mais, je le confesse, il serait au-dessus de mes forces de la prendre au tragique, et quand je décide de ne point tester exclusivement pour ma cité autrefois favorite, c'est, encore une fois, par des motifs tout simples, empruntés il est vrai à son histoire, mais où je ne saurais concevoir une trace de ressouvenir électoral.

Mais j'ai dit que, pour bien marquer cette absence de tout sentiment d'amertume, je ne me contenterais pas de plaider la cause de la cité pour le cas d'une erreur, de montrer hautement son excuse dans le paradoxe universel.

J'ai dit que je voulais de plus la prémunir pour le jour où il arriverait — puisque tout arrive — que ces esprits mécontents dont le glorieux Macaulay faisait ses caractères de prédilection en leur attribuant tous les progrès de ce bas monde, l'accuseraient d'étourderie. — Le moment est venu de tenir parole.

Pour ces indiscrets de l'avenir, je ne vois que deux griefs possibles :

L'un serait de formuler cette pensée que notre cité a manqué une bonne occasion, qu'elle a étouffé dans l'œuf le reste d'un programme utile que personne ne saura reprendre, par la bonne raison qu'il ne s'est pas fait connaître, et de nombre d'améliorations destinées à ne point voir désormais le jour faute par les successeurs d'en avoir l'idée;

L'autre, de lui reprocher des fautes par eux commises, si en effet il y en avait de commises.

Eh bien! pour le premier point, qu'elle se dise et dise tout simplement qu'à la vérité le programme ne s'annonçait pas mal; que ses premiers pas, pour le temps qu'ils avaient pris, étaient assez drus et profitables, mais qu'après tout c'était peut-être fini ; qu'elle se dise que c'est vanité de faire luire aux yeux des gens des projets dont on ne lève pas les voiles et qui eussent bien pu rester en route ; qu'elle se dise et redise qu'il n'y avait plus rien dans la tête du guide : combien d'administrateurs, d'inventeurs, de réformateurs qui devraient confesser comme le Petit-Jean des *Plaideurs :*

Ce que je sais le mieux, c'est mon commencement !

Qu'elle se dise enfin que ces promesses d'avenir ne sont, en somme, qu'un manque à gagner et qu'on vit très bien avec dix mille livres de rente quand on n'en a jamais eu cinquante !

N'est-il pas vrai que cela est topique ?

Quant au second point, celui où suivant notre hypothèse, par l'effet d'un défaut de compétence, d'étude, de suffisante résistance aux prétentions, par exemple, de ces compagnies, éternelles rivales de l'intérêt communal avec lesquelles pourtant il faut traiter au nom de l'intérêt communal, il se réaliserait quelques pertes formelles, oh ! alors, le motif de demeurer l'esprit en repos est, à ce qu'il semble, plus net encore.

Notre bonne cité peut y compter ; elle n'en saura jamais rien, d'une part parce qu'il est bien impossible qu'elle s'en aperçoive d'elle-même, et que d'autre part personne à coup sûr ne sera tenté de les lui découvrir. Or, de même que péché caché est, dit-on, à moitié pardonné, perte ignorée n'est-elle pas comme non avenue ?

Franchement, la vie ne serait pas tolérable si l'on était condamné à y tout savoir, et le mot de la quiétude profonde n'est peut-être que celui de l'aimable poète :

Quand on l'ignore, ce n'est rien.

VII

POURQUOI JE NE TESTE PAS EXCLUSIVEMENT POUR LA VILLE DE MEAUX. LE PARTI RÉACTIONNAIRE ET CLÉRICAL

A la bonne heure! dira-t-on, vous n'en voulez vraiment pas à notre ville, représentée il a quatre ans par la passagère majorité de son corps électoral. On le sent rien qu'à la gaieté de l'allure, gaieté d'autant plus sensible qu'elle est plus rare en matière testamentaire. Mais avouez que vous gardez rancune au parti réactionnaire et clérical de l'hostilité qu'il vous a témoignée en acceptant la coalition avec vos adversaires, coalition qui a tourné la dernière élection municipale contre vous et votre parti!

Ma foi, non! répondrai-je encore.

Rancune de l'hostilité! Mais en vérité, est-ce que cette hostilité n'était pas toute naturelle, prévue, attendue, sciemment encourue?

Quand on a été, non pas comme l'a dit le parti réactionnaire et clérical sans y croire et pour les besoins de sa guerre, l'instigateur tortueux de nombre de mesures libérales, mais le promoteur très net et à ciel ouvert de ces mesures; quand on a pris une aussi grande part à la défense, aux projets d'agrandissement et aux améliorations de l'institution laïque du collège communal; à la fondation, au peuplement, à la direction éclairée et sûre, au succès contre toute concurrence des écoles laïques; quand on a interdit les processions; contribué autant que possible dans sa sphère à restreindre l'influence abusive de la société ecclésiastique; maintenu ou revendiqué, en toute occasion, les droits de la société civile; quand on a pour une part aussi grande, en présence d'une résistance sotte dont le parti s'est repenti trop tard, fondé à l'hospice et à l'hôpital un service laïque excellent, dévoué, brave — on sait s'il a fait ses preuves — à la grande irritation de ceux qui n'y vont pas, mais à la grande satisfaction de ceux qui, appelés à s'y rendre, aspirent à y trouver avec de bons soins la tranquillité, l'égalité, l'indépendance, la protection contre des obsessions cruelles; quand on a fait cela et bien d'autres choses, et dans une ville bourgeoise, dévote, épiscopale, comment s'étonner, comment se plaindre d'hostilités flagrantes, ardentes, empreintes de l'esprit de l'Église, puisqu'elles viennent en partie de l'Église!

Quand, de plus, on a dit et redit à voix haute que « la possession est la pierre de scandale contre laquelle butte, à tout moment, non pas seulement la perfection religieuse, mais la simple honnêteté civile »; que « la fortune est une présomption d'improbité »; qu'on « adore les malheureux »; qu'on a choisi « les pauvres gens pour ses êtres de prédilection »; qu'on « aime à la passion les déshérités de ce monde »; qu'on « prend parti pour les petits et les faibles »; qu'on a pour eux « une véritable tendresse », et qu'entraîné d'une séduction toute-puissante, « on salue jusqu'à terre les dédaignés, les méprisés du jour, dont les mains sont pures du bien d'autrui »; qu'on « bravera, pour les servir, l'isolement, la rancune, l'ingratitude, les persécutions, la calomnie des puissants, avec ses trames lâchement ourdies, la calomnie, cette sœur moderne du martyre »; que « là est l'attrait, la grâce, le charme secret, l'aimant irrésistible »; qu'on « entend aller au-devant des méchancetés du temps, les recevoir à plein visage, les braver, les mériter de toutes ses forces »; qu'on pratiquera « la résistance intraitable aux lâchetés sociales, la probité inflexible, la fidélité aux convictions embrassées, l'amour de la justice et de la vérité, le redressement des spoliations et de la stupide et dangereuse toute-puissance de la fortune, le franc parler résolu à l'encontre de l'improbité et de l'hypocrisie » ;

Quand on a dit à des prétendants aux fonctions et à l'administration publiques « qu'ils n'ont que l'insatiable souci de l'intérêt personnel et l'impatience effrénée de l'intérêt public », aux fanfarons de charité qu'ils ne fondent des écoles populaires que « pour y faire enseigner, avec désintéressement, aux déshérités du monde, de saines doctrines qui leur apprennent à se contenter de leur sort et du sort des riches », et que leurs sacrifices pour les misérables leur « coûtent une soirée de whist ou la pension d'un chien de chasse » ; quand on a dit au parti réactionnaire qu'il « a eu l'habileté, vraiment inouïe, de prendre exclusivement au peuple les soldats destinés à le contenir par la force, au prix de son sang et du leur, dans les institutions qui le déshéritent et le ruinent et de lui faire encore payer la solde et la mitraille » ; quand on a dit au parti clérical qu'il est pour une part dans les malheurs de la France en 1870 et qu'il a dit, lui aussi, que « cette guerre était sa guerre » ; que parmi tous les siens il n'en est pas un « qui ne soit tenu de donner quatre provinces de la France et la France tout entière pour un de ses articles de foi » ;

Quand enfin on a écrit, signé, publié ce livre des *Résolutions nouvelles* [1], livre combattu, décrié, redouté, honni, attaqué dans les réunions du parti, mais qui reste avec son esprit indompté, ses idées qui tracent dans la population, fût-ce à son insu, à l'insu de tous, sans bruit, sans flamme, tout plein de ses vérités hardies à dire, dures à entendre, redoutables à répandre ;

Vraiment, quand on a fait et dit tout cela, à moins d'être un sot, comment pourrait-on s'étonner de rencontrer face à face des hostilités implacables, inextinguibles, sans foi ni loi comme sans fin? Comment serait-il permis de s'en plaindre? S'en plaindre! mais ces hosti-

1. *Résolutions nouvelles ou souvenir de l'invasion.*

lités, est-ce qu'elles ne sont pas le témoignage même que l'attaque a été nécessaire, la vérité dite, le droit justement défendu? Est-ce qu'elles ne sont pas le prix et la source de la notoriété concédée, acceptée, conquise?

Soit! reprend-on, laissons l'hostilité! mais vous gardez rancune de l'insuccès électoral.

Ah! encore une fois, quel défaut de sentiment des proportions! Quoi! un si gros ressouvenir pour un objet si mince! Puis, quelle injustice! Et le repos, la délivrance, le retour au travail préféré, faudra-t-il donc les voir oublier toujours? Quoi! j'en voudrais à ce parti quand c'est à lui surtout que je dois de pouvoir chanter à mon tour le *Deus hæc otia fecit!* que dis-je, à mon tour? non, non! quand le poète d'autrefois l'écrivait le premier, il ne parlait, lui, que par image, mais ici, est-ce que le grand parti, champion du droit divin, ne peut pas se targuer, lui aussi, d'être à quelque degré le représentant de la divinité sur la terre? Et alors, ne voit-on pas qu'au lieu du figuré qui n'est que vanité, misère et chimère, en lui rendant grâces on parle au vrai, au propre? quelle différence! Et comment ne comprendrait-on pas la gratitude toute nouvelle et plus vive, la saveur plus haute, plus fière, plus pénétrante?

Ce sont là des biens précieux. A ce parti, sans qu'il l'ait voulu, ai-je besoin de le dire, sans qu'il ait grand sujet non plus de s'en applaudir, à son insu et quelque temps à mon insu même, j'ai dû et je dois davantage.

Grâce à lui en effet, en même temps qu'à ses alliés, le résultat électoral, qui en soi n'est rien, s'est trouvé accompagné ou, pour mieux dire, précédé d'une polémique et de moyens de polémique qui sont en soi quelque chose. Ce point-là est à part, n'est-il pas vrai, et j'entends bien que ce soit en effet un compte à part.

Or, comprend-on l'intérêt pour un écrivain qui veut encore avant de disparaître prêcher, défendre quelques droits, attaquer quelques iniquités, quelques privilèges? qu'y a-t-il de plus nécessaire qu'un froissement profond, contenu mais vivace? Quelle source inépuisable d'énergie, d'inspiration, de persévérance! quel ressort contre la fatigue! quelle ressource contre le sommeil! quel aiguillon contre les ménagements, la pitié, les faiblesses! c'est le combustible jeté au foyer de la machine. *Facit indignatio versum*, disait le plus vigoureux, le plus implacable des vieux poètes de Rome. Dieu merci, l'indignation peut aussi écrire en prose. Bonne muse que celle-là, sans reproche et sans peur, et à laquelle sans reproche aussi et sans peur on peut prêter sa plume!

C'est elle déjà qui m'éclaire et m'affranchit. Je m'abaissais l'esprit dans l'atmosphère de mesquines luttes municipales. Ma route s'élève, et, dégagé de ces poussières, je trouve l'horizon agrandi, les échos plus vastes, l'air plus vif. C'est elle qui me rapproche de nouveaux appuis et de nouvelles armes. De loin, j'entends sa voix sans distinguer encore les paroles. Que dit-elle? que va-t-elle dire encore? qu'importe! Je sais que je serai plus fort à l'écouter et à la suivre.

Mais il est une raison vraiment dominante pour qu'il me soit bien difficile de garder rancune au parti clérical et réactionnaire à propos de l'échec électoral dont il a été le collaborateur : C'est qu'en vérité il n'en a guère tiré profit. C'est, disons mieux, qu'il y a joué pis qu'un rôle de dupe. Or, je le demande, comment faire pour en vouloir à des gens qu'on se croit si fort obligé de plaindre?

Qu'au point de vue municipal, le parti réacto-clérical n'ait pas gagné grand'chose au changement de municipalité et de conseil, c'est un point à peu près universellement admis, et, quoique la déconvenue ne soit pas, à mon avis, municipalement parlant, aussi complète qu'on le suppose, elle est en effet visible.

Et d'abord, il faut bien mettre ceci en lumière, parce que c'est justice, que le parti clérico-réactionnaire n'avait rien à appréhender de l'ancien conseil. J'ai vu beaucoup de conseils municipaux dans ma vie. J'en ai pu voir de plus aristocratiques, de plus lettrés que celui-là. Je n'en ai pas rencontré de plus dévoué à l'intérêt public, de plus foncièrement honnête, de plus respectueux de tous les droits, sans acception de partis ou de personnes, de plus scrupuleusement désintéressé, non pas seulement de ce désintéressement relativement plus facile qui écarte les intérêts personnels, mais encore de celui-là aussi qui se refuse résolument à faire acception des intérêts des amis.

C'était, on n'y contredira pas, même dans le camp adverse, un conseil conservateur. Le Maire, il est vrai, était plus avancé, le plus avancé de son conseil, mais c'était un honnête homme, ce qui encore une fois ne se trouve pas à tout coup sous le pas d'une mule; il avait fait profession, en souriant, mais sous une forme très intelligible, d'être un « gouvernement constitutionnel »; il est clair qu'il avait tenu et tenait parole. Donc, encore un coup, pour le parti réactionnaire et clérical, rien d'abusif à craindre.

A présent, au changement municipal, ce parti a-t-il gagné? Oui, à mon avis, il a gagné. Mieux que notre bonne ville, qui, je crois et bien à son dam, n'y songe guère, je vois fort nettement ce qu'on lui a cédé et sans avoir besoin d'énumérer, je le vois sur toute la ligne. Mais quoi! est-ce donc un gain considérable, un lot qui satisfasse? Non! il s'en faut bien.

Malgré l'importance des abandons, de trop gros morceaux sont restés en route. Aussi on se dépite, on s'irrite, on rappelle aigrement des promesses, on menace dans l'espoir d'effrayer et d'obtenir ainsi davantage, sans oser se fâcher tout à fait, crier, rompre, parce que ce serait d'une part avouer sa déconvenue, d'autre part dégager sa partie par la rupture, se fermer tout espoir alors qu'on espère encore contre toute espérance; et l'on ira ainsi jusqu'au bout, enchaîné, dépité, retenu, furieux d'avoir été joué, de le sentir, de le voir, de voir qu'on ne peut le cacher aux autres, promené et, qui sait? amené peut-être à confirmer par de nouveaux votes des votes dont on se désespère; somme toute, publiquement ridiculisé et bafoué toujours.

Ce n'est pas tout, hélas! Si le parti clérical et réactionnaire n'a réalisé, au point de vue municipal, qu'un gain qui le laisse en fureur, je dis qu'eût-il même obtenu dans cet ordre de faits tout l'objet de ses vœux, il aurait encore commis à son propre point de vue une imprudence, une faute énorme, incompréhensible. Je dis que, dans toute cette affaire locale, il n'a rien fait autre chose que « lâcher la proie pour l'ombre ». Pour le voir, il n'y a qu'un pas à faire et à passer un moment du domaine municipal au seuil d'un autre domaine, celui de la politique.

Au point de vue politique, qu'a fait le parti réactionnaire et clérical de notre cité? Rien vraiment de moins que ceci : il a pour sa part, pour un tantième formel, calculable, et nullement négligeable, il le verra de reste, préparé, acheminé, assuré d'un vote d'abord l'expulsion de ses chers princes, ceux dont il souhaite et attend avec ardeur l'avènement au trône, non pour eux-mêmes mais pour l'abolition de ce brutal, de cet humiliant suffrage universel qu'on réprouve, mais pour le retour à cet heureux temps de l' « abus des influences » au profit d'une classe; et non seulement l'expulsion des princes, mais l'abomination du service militaire des séminaristes, mais la suppression du budget des cultes, mais la mise à néant du Concordat, la séparation de l'État et de l'Église, mais ce qui est pis encore, la revision de la constitution, ce qui veut dire en bon français la suppression du Sénat et qui sait? une autre suppression encore peut-être, c'est-à-dire en somme le régime d'une assemblée unique.

Vainement, le parti clérico-réactionnaire, pour se raffermir, se leurrerait-il aujourd'hui de cette idée qu'élu sénateur ou député, on n'est pas disposé à risquer son titre pour une aventure. Comment ne pas voir que dans les circonstances d'alors, pour ceux qui auront voté, l'élection sera certaine, et que partant on échangera de plein cœur un siège dans l'un des deux grands corps de l'État contre un siège dans le seul corps omnipotent de l'État, et les titres de député ou de sénateur, dépréciés et amoindris par l'usage et par bien des causes, contre le titre historiquement grandiose de conventionnel?

Or, je le demande, n'est-ce pas là la chose la plus étonnante, la plus étourdissante, la plus inouïe, la plus extraordinaire, la plus incroyable, la plus imprévue; tout le Sévigné; vous savez le reste: avec cette différence qu'au lieu d'avoir manqué comme le fameux mariage, l'élection sénatoriale — sans compter les autres — conséquence irrécusable des élections municipales meldoises, est consommée et que « la chose » est faite, irrémédiablement faite?

Comment expliquer qu'un parti nombreux, avisé, réfléchi, informé, ait pu rêver, vouloir, poursuivre à grand effort et finalement réaliser à grand'peine une bévue pareille; se prêter à des éventualités pour lui si fâcheuses, si terribles et réellement si redoutées?

Oh! je sais bien qu'il y a une ligne de conduite, un mot d'ordre. D'accord, le pape et la Société de Jésus ont reconnu qu'il était difficile de prévaloir dans les grands collèges des élections législatives et par eux de mettre la main sur le pouvoir politique qu'ils veulent absolument saisir, un jour ou l'autre, par un moyen ou par un autre. Ne pouvant attaquer le problème par le faîte, ils ont prescrit de le reprendre par la base, c'est-à-dire par les municipalités. Réussi en Belgique, plus nouveau, mais heureux déjà en Italie où pour Rome, capitale, le parti catholique fait invariablement passer ses candidats aux élections municipales, le plan de campagne a commencé à s'appliquer en France, et il serait imprudent de méconnaître qu'il y compte déjà nombre de succès.

Cela se comprend. Dans les élections législatives, aux prises avec des masses colossales où se noient les petites influences, dans de grands courants entre lesquels rien ne prévaut, quand de plus on y arrive forcément en scène avec des toiles de fond impossibles à cacher complètement comme l'hérédité monarchique, le droit divin, la confiscation ou la domestication du suffrage, comment séduire, tromper, contraindre?

Au contraire, dans les élections municipales, de villes surtout, car ce sont celles qui importent, quelles ressources!

Les moyennes et petites influences reprennent leur pouvoir, on peut aspirer à refaire ce qu'on appelle insolemment en Angleterre des « bourgs de poche ». Les questions s'abaissent, s'atténuent jusqu'à rendre toute dénégation vraisemblable, toute confusion possible. Les couleurs s'effacent jusqu'à permettre de soutenir que chacune est d'une autre. L'argent reprend ses droits et comment en avoir, car débourser est rude? Veut-on de simples exemples? Dans nombre de départements, à l'insu des ministres qui s'en désintéressent, au su des préfets qui s'en moquent, les jurys d'expropriation sont absolument dans la main du parti clérico-réactionnaire qui les compose et les commande. Bonne ouverture pour des arrangements profitables à l'alimentation gratuite d'une caisse électorale! Parfois, avec de l'habileté, ce sont les caisses communales elles-mêmes qui contribuent sans s'en douter. Grâce à la composition des bureaux des ministères, n'a-t-on pas vu même le budget républicain, pénétré par quelques trous de taupe après de prudents circuits, subventionner burlesquement des élections, des manœuvres, des attaques anti-républicaines, à la grande réjouissance, bien permise en vérité, des heureux vainqueurs de pareils tours?

En même temps, sur un semblable théâtre, par la manœuvre savante des clientèles tour à tour données, retirées, menacées, promises, on a de larges et puissantes prises sur un commerce local toujours disposé à des sacrifices extra-commerciaux par l'espérance et la crainte commerciales : espérance de gagner des clients, frayeur d'en voir passer au confrère. Puis encore, avec quelques « exécutions bien faites » on effraye les ouvriers et, comme on dit, on les mate. Pauvres gens que le gouvernement républicain n'a cure de protéger, malgré la justice, le droit, les semblants, les promesses! et c'est ainsi que de temps en temps et de proche en proche on arrive à gagner quelques élections municipales et à miner tout doucettement le sol de la République.

Or, est-ce de cette façon, sous la pression et en exécution de ce mot d'ordre que le parti réactionnaire a opéré parmi nous? Soit! au point de vue municipal, il peut y avoir bill d'indemnité de la part de ses adeptes.

Politiquement, il n'y a pas d'excuse, le fait reste, la faute persiste, la gravité des conséquences demeure.

Ah! ce n'est pas l'ancien parti conservateur local, autant que j'en ai pu juger à distance, qui eût failli si lourdement, qui se fût embarqué jamais dans une pareille équipée, comme à vue de nez, sur le premier plan des choses et sans avoir soigneusement pesé les deux plateaux de la balance. Que sont donc devenus, au sein de ce parti, la finesse, la prudence imperturbable, le sang-froid ecclésiastiques si réputés naguère? où donc est passé l'esprit diplomatique de ses laïques? A la source des informations, n'a-t-il donc rien su voir ou, s'il a vu, n'a-t-il rien su comprendre? aurait-il cru, par hasard, que l'un des importants chefs de parti de la Chambre apparaissait dans l'arrondissement faute de savoir où trouver une journée de chasse ou parce qu'il manquait six perdreaux à sa table? sait-il seulement — car vraiment on peut tout admettre — que le président de la République a un gendre et que ce gendre n'est pas sans s'occuper de temps en temps et à sa manière des affaires du pays?

Il a eu enfin sous les yeux, comme nous, certaines attitudes fort en vue, fort significatives. Est-il donc possible que pour lui elles soient restées inaperçues ou ne lui aient rien dit? Ce serait à croire au mot du grand tragique et qu'ils aient subi, par contagion du lieu,

> Cet esprit d'imprudence et d'erreur
> De la chute des rois funeste avant-coureur.

Non! ce qui résulte du spectacle des choses, c'est qu'incontestablement le parti a déchu. C'est que s'il allègue la difficulté des temps, tous les temps ayant eu les leurs, il accuse simplement qu'il n'est pas à la hauteur des siennes.

Ce qui résulte du spectacle des choses, c'est qu'il s'est laissé prendre à des lueurs; qu'on l'a ridiculement mené en laisse avec une haine soufflée, grandie à propos, sans qu'il ait compris, forgée et exploitée précisément en vue de son aveuglement et de sa conquête; qu'il a été grisé et enrôlé comme par des racoleurs, berné par des espérances que peut-être il n'a pas même le droit de dire.

Ce qui résulte des choses, c'est que dans son sein, visiblement, il n'y a plus de têtes pensantes. Ce qui résulte enfin, c'est que le parti radical en a seul, mais en a, puisqu'avec l'infériorité du nombre et des ressources il a su, ici comme ailleurs, sans bruit, sans apparaître, jeter ses adversaires sur des chemins où ils ne pensaient pas être, les atteler non pas seulement trompés, mais confiants, mais ardents, mais passionnés, mais croyant n'obéir qu'à leurs intérêts et à leurs mobiles, à des besognes qu'ils ne croyaient pas faire, besognes qu'ils redoutent, qu'ils abhorrent, et les faire servir enfin à leur insu et malgré eux aux visées de sa propre politique.

Or, voyons, de bonne foi, est-ce que tout cela est pour me déplaire?

Est-ce qu'au fond, ces résultats me mécontentent, m'inquiètent, me blessent, me tourmentent, me chagrinent?

Et quant aux résultats de superficie, est-il donc pour un adversaire un plaisir plus vif et plus piquant, un amusement plus légitime que de voir ses adversaires, ses ennemis pour mieux dire, donner dans de pareilles bouffonneries d'erreurs, d'aveuglements, de mécomptes et, je l'ai dit, « de proie lâchée pour l'ombre », pour y recueillir un renom mérité d'incapacité politique et de colossale étourderie, avec l'inquiétude et bientôt peut-être avec la certitude d'avoir, pour leur part, compromis, dans le sens de plus grave, les intérêts d'un parti qui n'a que des intérêts?

Non! en vérité, devant le souvenir du fameux échec

municipal, je suis désarmé comme on l'est par le rire. Je n'en veux pas et je sens qu'il me serait impossible d'en vouloir au parti local réactionnaire et clérical.

VIII

POURQUOI JE NE TESTE PAS EXCLUSIVEMENT POUR LA VILLE DE MEAUX LE PARTI LOCAL RÉPUBLICAIN

Et les amis et les partisans, sont-ils donc oubliés? n'ont-ils donc pas une place à côté et en face de ces ennemis, de ces adversaires? Une majorité est-elle tout? Qu'elle décide du scrutin, il le faut bien; mais décide-t-elle donc des attachements, des liens, du bien à faire? Et si la pensée du parti local républicain ne rachète pas la cité, n'est-il donc pas possible de l'avantager lui tout au moins, par quelque fondation qui lui soit particulière?

J'y ai songé. Dans l'état de nos lois, l'entreprise est malaisée, d'un succès problématique quoique non absolument impossible. Mais, faut-il l'avouer, est-ce le froid d'âme qui me gagne, exigence excessive, sévérité trop dure, détachement involontaire? après l'avoir essayé, je ne m'en sens plus l'envie.

Ah! certes, ce n'est pas moi qui tarderai jamais à payer un tribut de sympathie et de justice au parti local républicain. Je sais que ce n'est pas de son côté qu'on trouve la fortune, les situations acquises et assises, conditions si puissantes pour la liberté des mouvements, pour l'action sous toutes les formes.

Ce n'est pas moi davantage qui puis ignorer l'insuffisance de protection de la loi, protection dont il aurait eu besoin; ignorer, ce qui est pis encore, ce qui se puise forcément de surprise, de colère, de découragement profond, d'abandon de la lutte et des armes, dans la certitude de voir un gouvernement républicain trahir des troupes républicaines et les combattre, en toute circonstance, de sa complicité, de son influence, du poids de son personnel.

Ce n'est pas moi, enfin, qui méconnaîtrai jamais les éléments nombreux, excellents, de valeur exceptionnelle même que contient ce parti. Énergie et constance, fermeté des principes et résolution pratique, dévouement, esprit de véritable indépendance, subordination inflexible des intérêts personnels à l'honneur, aux opinions; ardeur, travail, sacrifices pour le drapeau et pour le bien public, franc parler et franc agir, j'y ai trouvé tout ce qui mérite, tout ce qui commande la confiance et l'estime. Comment ne garderais-je pas pour eux, à toujours, d'inviolables sentiments de coreligionnaire et de compagnon d'armes?

Mais des difficultés ne sont pas des obstacles; mais des combattants exceptionnels ne font pas l'ensemble d'un parti. Or, dans la lutte, quelle a été l'attitude, quel a été l'ensemble du parti local républicain? Il a certainement présenté des vides fâcheux du côté du nombre, des lacunes pareillement du côté des qualités et des efforts.

Des vides! Est-il vrai que nombre de commerçants qui, au fond du cœur, appartiennent au parti républicain, ont, par suite d'intimidations, de démarches, de sollicitations ou de promesses, et malgré de généreux exemples contraires, voté tout autrement que pour la liste républicaine? Eh bien! j'entends à merveille qu'on « se met dans les affaires » pour faire des affaires; qu'il faut d'abord penser à soi et à sa famille. J'entends tout ce qu'on voudra. Il n'en est pas moins vrai que ce terrain fleure mal. A-dieu-ne-plaise assurément qu'on rapproche cette faute du crime et de la honte, par exemple, de commercer avec une armée d'invasion en face des malheurs et des ruines de son pays! Mais l'un conduit à absoudre, à réhabiliter l'autre. Au fond, quels que soient les noms, les déguisements, les excuses, le calcul électoral tout franc, tout net revient à voter pour de l'argent. Or, on a beau se raisonner, se battre les flancs pour appeler l'indulgence; il n'y a pas à dire, ainsi étiqueté, le vide commercial laisse une impression qui ne confine pas précisément à l'enthousiasme.

Des vides! Est-il vrai que nombre d'ouvriers, non par pression, car avec un peu de prudence et d'habileté ils auraient été couverts par le secret du vote, mais par une méprise étrange, ont voté pour la liste cléricale et réactionnaire; qu'ils n'ont pas su reconnaître où étaient les libéraux, défenseurs de leur suffrage, et les ennemis de leur suffrage, ce suffrage qui est leur seul patrimoine, leur seule sauvegarde, arme et moyen de conquête? Est-il vrai qu'ils n'ont pas vu de quel côté ils trouvaient affection, dévouement, habitudes de respect, de traitement égal, désir ardent de contribuer à leur relèvement, à leur bien-être, à leur fortune, tout cela pourtant au grand jour quoique sans faste, attesté par les paroles, les écrits, la communauté d'origine, les actes de toute la vie?

Eh? bien, je dis que si le vide ici n'est pas répulsif comme le premier, il blesse plus profondément et décourage; que s'il n'écœure pas comme l'autre, il est plus cruel à sentir. A quoi bon aider, éclairer, servir, si ceux qu'on aura aidés, protégés, servis ne savent ou ne veulent même pas voir, si non seulement ils ne voient pas, mais par un contre-sens incompréhensible n'apportent que froideur, désaveu, indifférence, sentiments hostiles à leurs champions, qu'appui, confiance, sympathie à leurs exploiteurs, trompeurs et maîtres? On peut défier l'âme la plus forte, le cœur le plus dévoué de ne point fléchir à la longue devant ces aberrations irritantes du devoir politique, des opinions, de l'intérêt, des aspirations avérées, et il est difficile de ne pas avouer que c'est justice.

Enfin — car je ne veux faire que poser la main sur ces torts — on ne peut méconnaître que dans nos luttes municipales, pendant que la coalition réactionnaire et cléricale marchait comme un seul homme, active, résolue, prête à tout et prête pour tout — il faut lui rendre ce témoignage et proclamer hautement la leçon — le parti républicain s'est montré tiède, sans ardeur, timoré, décousu, inattentif ou inclairvoyant, faisant ainsi publiquement la preuve fâcheuse — et je le lui reproche — que, dans ces luttes électorales, les opinions, fussent-elles sincères et fermes, ne vont pas de pair avec les intérêts, pour la valeur des mobiles, et que c'est à ces derniers qu'appartiennent, même à nombre inégal, la force et la victoire.

Ces défaillances ont été nombreuses, prolongées, renouvelées sous bien des formes.

Or, il faut bien le dire : Quand, en présence d'adversaires ardents, pourvus pour toutes les entreprises et pour tous les postes, un parti se montre hors d'état de saisir toutes ses fonctions, de remplir toutes ses tâches, d'occuper toutes les positions stratégiques indispensables, non faute d'hommes mais faute de volontés; quand a recherche par exemple de candidats pour former sa liste est un travail de sollicitations sans fin et qui menace à tout moment de sombrer tout entier devant deux ou trois noms qui, par cent motifs étranges, se refusent ou reculent; — quand un parti est incapable de discerner le vrai du faux, le vraisenblable de l'impossible et qu'on peut, suivant le mot populaire, « lui faire avaler » soit tour à tour, soit même simultanément, les bourdes les plus extraordinaires, fussent-elles absurdement contradictoires; — quand il ne sait pas ou qu'il oublie que l'élément ecclésiastique est naturellement calomniateur et ne peut pas ne pas l'être parce que, pour sa doctrine, IL FAUT qu'il n'y ait pas de probité et de moralité possibles hors de sa doctrine;

Quand, dans un parti, le trait caractéristique est l'appréhension de toute responsabilité; qu'on y a peur, celui-ci de troubler son repos, celui-là de susciter quelque opposition intime, cet autre de se mettre en vue, de braver un respect humain, l'étonnement des amis, les propos des adversaires, ces autres de se faire accuser du péché d'orgueil, d'offusquer un concitoyen, ces autres encore de ravir du temps à leurs affaires pour des affaires publiques indifférentes, tous, presque tous, peur de soutenir une lutte publique, d'encourir un désagrément, d'apporter un témoignage, de subir les attaques de journaux infimes; quand, dans ce parti, il est presque difficile enfin de trouver quelqu'un qui n'ait pas peur de quelque chose;

Quand, dans un milieu essentiellement démocratique, qui l'est, croit l'être et veut l'être, on pratique le culte contradictoire et déshonorant de la fortune; qu'on en exige la possession ou l'apparence, rétablissant ainsi en fait, de par un préjugé populaire, le cens d'éligibilité vainement ruiné par tant d'anciennes attaques du parti libéral, vainement vaincu et répudié par nos lois républicaines; qu'au fond du cœur, on y est, par exemple, à deux doigts de croire qu'un administrateur ou un chef de parti sans fortune n'est peut-être pas tout de bon un administrateur et un chef de parti et qu'on y témoigne, sans le savoir, de cette naïve croyance, par ses étonnements ou ses respects, dans ses oublis comme dans sa déférence, le tout risiblement échelonné en quelque sorte suivant la formule catholique : par pensée, par parole, par action et par omission;

Quand, dans un parti, malgré les avis, on ne sait ni réagir contre la plaie des agents électoraux, véritables ennemis publics de notre époque, puisqu'ils paralysent sous le poids des suffrages trompés ou vendus ceux qui ne veulent pas se vendre, et frappent ainsi le fondement même de la société politique, ni, en présence de toute une presse hostile, se créer à son tour un organe à la fois centre, drapeau, tribune, sans lequel un parti ne peut ni se défendre, ni agir, ni vivre;

Quand on n'y sait pas répondre, et répondre pour l'arrêter net, à la manœuvre des clientèles restreintes des riches par la manœuvre toute-puissante des clientèles des classes ouvrières qui sont de beaucoup, malgré l'apparence, les grands consommateurs et les grands acheteurs, et deviendront par conséquent, quand elles sauront et voudront, maîtresses de l'industrie et du commerce; — quand, dans un parti, on oublie la maxime toujours vivante des inquisitions passées, à savoir « qu'il vaut mieux qu'un seul meure pour tout le peuple », et qu'on n'en sait pas suivre les applications nouvelles dans les mains des ambitions, des intérêts et des intolérances contemporaines;

Eh bien! quand un parti local est ainsi, il faut sans doute tâcher de l'aimer encore, faire pour lui des vœux sincères, lui souhaiter de tout cœur la cohésion, l'énergie, la hardiesse condition de sécurité, la bravoure gage de l'indépendance; il faut lui souhaiter aussi un gouvernement moins ridiculement aveugle et hostile, mais en même temps il faut pourtant lui dire qu'il n'est pas suffisamment un parti; mais en même temps il est permis, il est prescrit peut-être, sans manquer à la religion des souvenirs, d'en quitter les rangs pour d'autres rangs, de chercher l'avenir là où est l'avenir et d'y porter ses ressources et sa force, avec la pensée d'y mieux servir la même cause : la cause de l'opinion républicaine.

IX

POURQUOI JE NE TESTE PAS EXCLUSIVEMENT POUR LA VILLE DE MEAUX (FIN)

J'ai dit que loin de toute rancune, si je ne teste pas exclusivement pour la ville de Meaux, mes raisons étaient simples. Je ne veux leur donner que deux mots :

La première ressort de ce qui précède. Je n'y puis que faire : la ville de Meaux est, malgré moi, descendue dans ma pensée. L'attachement a baissé du même coup.

Quant à la seconde raison, la voici : notre corps électoral — et pourquoi pas? — entend peut-être persévérer dans sa voie. Dans ce cas, je le demande, ne serait-il pas par trop bouffon qu'une libéralité fondée par moi et portant mon nom fût en partie administrée par les soins de mes adversaires, annuellement décernée peut-être en mon nom par les mains de mes adversaires, et qui sait? servît même à l'influence électorale de mes adversaires, qui sont ceux de l'indépendance de l'esprit, de la liberté politique, du suffrage populaire et de la République ?

Donc en concluant je le répète : au nom de mes anciens souvenirs, part et part notable à ma ville ! Sous l'empire des souvenirs nouveaux qu'elle nous laisse, point de legs exclusif pour elle ! Par une précaution de convenance et de justice, atermoiement prudent pour son entrée en jouissance du lot qui devra lui appartenir !

FIN DE LA PREMIÈRE PARTIE

TABLE DE LA PREMIÈRE PARTIE

Coulommiers. — Imp. P. Brodard et Gallois.

www.ingramcontent.com/pod-product-compliance
Ingram Content Group UK Ltd.
Pitfield, Milton Keynes, MK11 3LW, UK
UKHW020429180726
13839UKWH00003B/1407

9 782329 555881